KB106569

생각 비우기 연습

DOSHIYOMO NAKU SHIGOTO GA「SHINDOI」ANATA E
STRESS SHAKAI DE「KANGAENAKUTE IIKOTO」LIST
ⓒTomosuke Inoue 2021
First published in Japan in 2021 by KADOKAWA CORPORATION, Tokyo.
Korean translation rights arranged with KADOKAWA CORPORATION, Tokyo
through Eric Yang Agency Inc, Seoul.

이 책의 한국어판 저작권은 Eric Yang Agency를 통해
KADOKAWA CORPORATION과의 독점계약으로 길벗에 있습니다.
저작권법에 의해 한국 내에서 보호를 받는 저작물이므로
무단전재와 무단복제를 금합니다.

생각 비우기 연습

1만여 명을 치유해온 정신과의사가 엄선한
인생에서 버려도 될 42가지 생각들

이노우에 도모스케 저
송지현 역

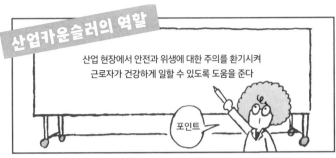

산업카운슬러의 역할

산업 현장에서 안전과 위생에 대한 주의를 환기시켜
근로자가 건강하게 일할 수 있도록 도움을 준다

포인트

산업카운슬러는
월 1회 정도 회사를
방문합니다.

일본에서는 직원이
50명 이상인 기업체에는
반드시 담당 산업카운슬러가
한 명씩 있어야 한다고
법률로 정해 놓았답니다.

똑똑

네, 들어오세요.

1,000명 이상
기업체인 경우
회사에 상주하는
전속 산업카운슬러를
두어야 합니다.

산업카운슬러로서
이제까지 만 명이
넘는 사람을
만나왔습니다.

그중에는 과도하게 노력하는 사람이 많았습니다.

특히 지금은 코로나 때문에 마음고생하는 분들이 있습니다. 예를 들어…

24시간 일해야 하는 환경

익숙하지 않은 재택근무

일손 부족에서 오는 과로

사회생활이 줄어들어서 오는 고독감

조금이나마 **힘듦에서 벗어날 수 있는 방법**을 소개합니다.

바로 '**웃으며, 대범하게**' 입니다.

웃으며 대범하게 = laugh rough

대범하게 웃으면서

살아갑시다.

그러기 위해 '생각할 필요 없는 것'은 생각하지 말기!
그 구체적인 방법을 소개합니다.

이 책을 손에 든 당신에게

지금은 말 그대로 앞이 보이지 않는 시대입니다. 코로나는 언제 끝날지, 경제는 어떻게 될지, 앞으로의 근로 형태는 어떻게 변할지, 세계는 어떻게 바뀌어갈지……

생각하기 시작하면 끝이 없는 문제들이 마음을 불안하게 하지요. 앞이 보이지 않는다는 것은 안개로 자욱한 길과 비슷한 상태입니다. 실제로 가보지 않으면 어떻게 될지 알 수 없습니다. 인간은 이렇게 실체를 알 수 없는 것에 강한 공포를 느낍니다.

대상이 무엇이든 마찬가지입니다.

예를 들어 가상화폐라는 것이 있지요. 편리하다고도 하고, 떼돈을 벌 수 있다고도 합니다. 소문은 자자하지만 사실은 잘 모르겠으니 위험하게 느끼는 분들이 많을 것입니다. 또 코로나는 실체를 모를 뿐 아니라 목숨을 잃을 위험까지 있어 더욱 무섭게 느껴집니다. '계속 경기가 나빠지면 일자리를 잃는 것 아닐까?' 같은 생각에 알게 모르게 두려움에 떨어야 합니다. 비대면 추구로 사회와의 접점이 줄어들면서 지금까지는 다른 사람과 소통하며 유지해왔던 마음의 균형도 무너졌습니다.

'나는 외톨이야.'
'마음을 털어놓을 사람이 없어.'

이런 고민을 안고 있는 사람이 늘어나고 있지요. 직접적인 커뮤니케이션이 줄어든 탓에 고민의 내용이 전에 없이 복잡해지고, 이제까지는 생각할 필요 없었던 것을 자기도 모르게 생각하게 되는 환경이 되었습니다.

'생각할 것'이 늘어난 시대, 즉 살아남으려면 어떻게 해야 할지 생각하라는 압력으로 가득 차 있는 상황입니다. 미래 예측이나 새로운 투자전략에 관한 책과 화제가 넘쳐나는 등 새로운 생존술을 가르치는 서바이벌 같은 환경 속에 마음도 몸도 너덜너덜해지고 맙니다.

여러분은 앞이 보이지 않는데 끊임없이 이 상황에 맞게 대응하라는 요구와, 머릿속에 가능한 한 많은 정보를 넣어 두고 스스로 최적의 대답을 끌어내야 한다는 압박을 받고 있는 것입니다. 그 결과 뇌가 기진맥진해서 막대한 스트레스를 느끼게 됩니다.

정신과 의사로서, 또 수만 명의 직장인과 매달 심리상담을 해온 산업의로서 저는 이런 때야말로 '적극적인 휴식'이 중요하다고 말합니다.

이 적극적인 휴식을 실현하기 위해 할 수 있는 가장 효과적이고 간단한 일이 '생각할 필요 없는 것은 생각하지 않기'입니다. 살아남기 위해 무언가 새로운 것을 손에 쥐려고 하는 대신 도리어 놓으라는 것입니다. 생각할 필요 없는 것을 하나씩 떠나보냅시다.

'이렇게 하면 저렇게 생각하는 것 아닐까?'
'내가 잘못했으니까 상사가 구박하겠지.'

'일에서 보람을 못 느끼겠어.'

이런 것들은 생각하지 않아도 괜찮습니다.

전에 없이 힘들고 스트레스 주는 세상을 살아가며 무리할 필요 없습니다. 마음이 괴로워지는 일은 더 이상 생각하지 말고, 좀 더 대범하게 웃으며 살아갑시다.

어떻게 그럴 수 있을까요?

이 책을 펼친 여러분에게 자신을 괴롭히는 생각과 감정에서 스스로 벗어나는 팁을 앞으로 자세히 소개하겠습니다. 안 해도 될 생각들이 머릿속에서 자연스럽게 비워지면 아무리 쉬어도 줄지 않던 피곤이 풀리게 됩니다. 이러한 최고의 휴식을 통해 여러분의 몸과 마음이 편안하고 산뜻한 상태를 찾길 기원합니다.

산업카운슬러 겸 정신과 의사
이노우에 도모스케

직장환경에 관해 생각하지 않아도 좋은 것

일에 관해 생각하지 않아도 좋은 것

마음을 강하게 만들어주는 7가지 습관

CHAPTER

1

인간관계에서
생각하지 않아도 되는 것

인성이 모자란 사람이 가까이 있을경우

Don't Think
Too Much

'내 잘못인가?'라는 생각

인성이 모자란 사람이 주변에 있으면 보통 그 사람과 얽히고 싶지 않다고 생각한다. 하지만 그 상대가 상사라서 관계를 잘라내지도 못하고 마음고생하는 사람이 많은 게 현실이다.

의사로서 내가 정의하는 '인성이 모자란 사람'은 한마디로 '상대방의 기분을 모르는 사람'이다. 공격적으로 말하고 집요하게 실수를 비난한다. 그중엔 "똑같은 실수가 네 번째야"라며 횟수까지 세는 사람도 있다. 과거의 실수를 끄집어낸들 이제 그 일에 대한 감정의 온도가 서로 다른데 말이다. 상대는 눈덩이 굴리듯 공격거리를 부풀리고 있지만 당신은 그렇지 않다. 이렇기 때문에 더욱 대하기가 불편하다.

더 무서운 것은 처음에는 상대가 이상하다고 생각했다가도 끈질기게 같은 말을 듣고 계속 공격당하면서 '내가 잘못했나?'라는 생각이 들기 시작한다는 점이다.

인성이 모자란 이런 상사는 회사에서도 두드러지기 때문에 처음에는 주위 사람들이 위로해준다. "원래 저런 사람이야", "너무 신경 쓰지 마".

하지만 시간이 흐르면 '그래도 공격당하지 않는 사람도 있잖아', '역시 나한테 문제가 있어서 저러는 걸까?'라며 자신의 능력을 부정하게 되는 경우도 있다.

안타깝게도 그렇게 괴로워하고 힘들어하다가 산업카운슬러인 내게 찾아오는 분들이 많았다. 이때 내가 해준 말은 인성이 모자란 사람이 가까이 있을 경우 '물리적 거리'와 '심리적 거리'를 유지하라는 것이다.

'거리 유지'로 공격을 피하고
수비를 강화한다

물리적 거리는 상대방 근처에 갈 일을 최대한 줄이는 것이다. 거리를 두면 상대의 공격이 닿지 않는다.

심리적 거리란 관심을 끊기로 마음먹는 것이다. 무시가 가장 좋지만, 함께 일하며 무시하기는 쉽지 않기 때문에 그 직전 단계인 '무관심'을 유지한다. 관심을 철저히 끊자.

구체적으로 말하면, '상대가 무슨 말을 하든 반응을 보이지 않는 것'이다.

내게 상담을 받으러 오는 분들은 상대가 인성이 모자라도 싹싹하게 대하려 노력하거나, 화를 내니까 더 잘해보려고 분발하는 경우가 많았다. 이는 역효과를 낼 뿐이다. 인성이 모자란 사람은 반응을 보이면 한술 더 뜨는 식으로 그 틈을 비집고 들어온다.

중요한 건 아주 냉정한 반응을 보이는 것이다. 심리적 거리를 유지하며 수비를 강화해야 한다.

예를 들어 이런 식으로 대응해보자.

인성 부족형 상사 "얼마나 더 실수를 해야 속이 시원하겠
어? 제발 부탁할게, 좀!"

나 　 "죄송합니다(억양 없음)." (자리를 뜬다)

상대가 화를 낸다고 해서 기가 죽은 척하거나 다음부터 열심히 하겠다는 의욕을 보일 필요 없다. 그런 태도를 보이면 상대는 더욱 말을 보태며 트집을 잡는다.

듣는 건지 아닌 건지 알 수 없는 태도가 최선이다. 아예 대화를 주고받으려 하지 말라. YES, NO로 끝낼 수 있다면 그것으로 충분하다.

물론 최소한의 예의라는 것이 있으니 짧게 사과는 하더라도, 그런 후에는 바로 대화를 끝낸다.

'당당한 근위병'이 되자!

산업카운슬러로서 말할 때 나는 '당당한 근위병'이 되자고 이야기한다.

영국 버킹엄궁 앞에 검고 붉은 제복을 갖추고 선 근위병들은 온화하고 늠름하지만 무슨 생각을 하고 있는지 알 수 없는 이미지다. 그런 인물상에 가까워지려고 노력하다 보면 철저한 무관심을 유지할 수 있게 된다.

인성 부족형 사람 중에는 상대를 깎아내림으로써 자기 자신을 높이려는 사람이 많다. 타인의 실수를 집요하게 공격해서 자신의 옳음을 증명하고 싶은 것이다.

"네 번이나 실수하다니, 날 귀찮게 하려고 일부러 그러는 거야?"

이렇게 삐뚤어진 의미 부여를 하는 성가신 사람도 있

다. 이런 사람은 무엇을 해도 바뀌지 않는다. 잘해주고, 좋은 관계를 쌓으려고 노력해보았자 에너지 낭비로 끝날 뿐이다. 진심으로 상대하기엔 당신의 에너지와 시간이 아깝다. 당신이 실제로 같은 실수를 되풀이했다고 쳐도, 사람이니까 그럴 수 있는 일이다.

그러니 인성 모자란 사람이 근처에 있을 때는 '내가 잘못했나……' 같은 생각은 하지 말고 당당한 근위병이 되자는 마음가짐을 가지고 행동해보길 바란다.

누구나 '어쩐지 안 맞는 사람'이 있다

Don't Think
Too Much

'이렇게 언제까지 계속될까?'라는 생각

회사에 안 맞는 사람이 있다. 하지만 내일도 모레도 얼굴을 마주하고 이야기를 나눠야 한다.

'언제까지 이래야 할까?'

'회사에 가고 싶지가 않아.'

이런 생각이 드는 것도 자연스러운 일이다.

물론 자연스럽다고 괴롭지 않은 것은 아니다.

사람은 언제까지 계속될지 모르는 상황에 큰 스트레스를 느끼기 때문이다.

그것은 마치 골인 지점이 보이지 않는 가혹한 마라톤을 달리는 것과 같다. 곧 몸이 버티지 못할 것이 훤히 보인다.

산업카운슬러로 일하다 보면 인간관계로 고민하는 분들과 상담할 기회가 자주 있다.

이런 분을 만나기도 한다.

"직장 동료하고 너무 안 맞아요. 하지만 지금 같이 진행하고 있는 프로젝트가 다음 달로 끝나니까 그때까지는 어떻게 버틸 수 있을 것 같아요."

또 이런 분도 있다.

"안 맞는 사람이 직속 상사가 되었어요. 언제까지 이렇게 지내야 하나 생각하면 밤에 잠도 안 와요……."

이처럼 아무리 괴로운 상황이어도 끝이 보일 때와 안 보일 때, 마음의 부담은 크게 달라진다.

다시 말해 끝이 보인다는 것이 아주 중요하다.

끝이 보이면 마음에
여유가 생긴다

이런 상황에 놓였을 때 '기간 한정 사고'를 권한다. 언제까지는 참을 수 있다는 기한을 계산하고 '언제까지 계속될지 모른다'는 공포를 없애는 것이다.

내담자 A 님과의 대화를 통해 더 자세히 설명하겠다.

A   "너무 안 맞는 사람이 있어서 매일 얼굴을 보는 것조차 고통스러울 정도예요."

이노우에 "포지션을 바꿀 수 있으면 그게 제일 좋겠지만, 요청해도 받아들여지지 않을 가능성이 있지요. A 님이 얼마나 참을 수 있는지가 관건이에요. 어느 기간까지 참아보겠다고 생각하면 언제까지 참을 수 있을 것 같으세요?"

A   "기간이라……. 지금은 목소리만 들어도 소름이 끼칠 정도로 싫은데, 다음 달 신입이 들어오면 제가 사수가 될지도 몰라요. 그러면 그 사람과는 거리가 좀 생길 것 같아요. 한 달 정도는 참을 수 있을지도 몰라요."

이노우에   "그렇군요. 그러면 한 달 정도는 한번 지내봅시다. 만약 한 달 후에도 같은 상황이 이어진다면 체력, 기력이 있을 때 도망치는 것도 중요합니다."

A   "그러네요. 일단 기간 한정으로 한 달 참아보고, 상황이 바뀌지 않을 것 같으면 이직도 검토해봐야겠어요."

이노우에   "그렇게 생각하시면 됩니다."

A   "감사합니다. 속이 조금 시원해졌어요. 기간이 정해져 있다면 참을 수 있을 것 같아요."

상담을 청하는 분들은 '지금 어떻게 해야 하는가'로 머리가 꽉 차서 '앞으로 얼마나 참아야 하나'를 생각한 적이 없는 경우가 많다.

하지만 마음을 가다듬고 '언제까지 참을 수 있는가'를 생각해보는 것은 매우 중요하다. 사람이란 골인 지점이 보이면 앞으로 나아가기 쉬워지기 때문이다.

기간 한정 사고법을 실제로 실천한 후, 정해둔 기간이 끝났는데도 상황이 바뀌지 않는 경우가 있을 수 있다. 그래도 회사를 그만두는 사람은 의외로 많지 않다.

그중에는 이직 활동이 생각처럼 순조롭지 않아서 회사에 남기로 결정한 사람도 있지만, 내가 아는 한 대부분은 자기 자신의 의지로 회사에 남았다. 기간 한정 사고법을 실천한 덕분에 마음에 여유가 생겨서 스트레스를 주는 대상과 적절한 거리감을 유지할 수 있었기 때문일지도 모른다.

물론 마음이 망가져버릴 것 같으면 당장이라도 도망쳐야 한다. 하지만 바로 움직일 수 없을 때는 기간 한정 사고법이 분명 도움이 될 것이다.

골인 지점을 정할 수 없을 때,
다른 사람과 부정적인 감정을 나누자

한편 기간 한정 사고법을 적용하기 어려운 직종도 있다. 예를 들어 서비스업에 종사하고 있다면 언제 어떤 손님이 올지 알 수 없다. 유감스럽게도 상식적인 손님만 방문하지는 않는다. 진상 고객도 때때로 찾아온다.

게다가 안 맞는 사람이 회사에 있다면 피하거나 어느 정도 마음의 준비를 다져둘 수 있겠지만, 처음 보는 손님이 던지는 예상치 못한 공격적인 언사는 직격탄이다. 파괴력이 엄청나다.

한두 번이면 참아보겠지만 같은 진상 고객이 몇 번이나 찾아오는 경우에는 정말 난처할 것이다. 상대가 언제 가게로 올지 모르니까 기간 한정 사고법으로 목표 지점을 설정하고 참아볼 수도 없고 말이다.

이런 경우, 회사 측에도 종업원을 보호하기 위한 수칙이 있으므로 혼자 대응하려고 노력하지 않아도 괜찮다.

우선은 회사에 상담을 요청해 피할 길을 확보해두자.

그 손님이 오는 시간대가 어느 정도 파악되었다면 그 시간에 자리를 비우거나 대기실로 이동해서 물리적 거리를 유지하자.

회사를 끌어들이지 않고 바로 시도할 수 있는 방법도 있다. 바로 손님의 흉을 보는 것!

진상 고객뿐 아니라 피하고 싶은 손님이 있다면 직장 동료들과 함께 꼭 흉을 보라. 그렇게 발산하는 것도 중요하다. 부정적인 감정을 혼자 끌어안지 말자.

부담스러운 업무는
이렇게 거절하면 효과적

Don't Think
Too Much

'거절하면 무능해 보일까?'라는 생각

예전에 상담했던 B 님과 이런 대화를 주고받은 적이 있다.

B   "얼마 전에 상사랑 잡담처럼 이야기했던 아이
디어가 있는데, 갑자기 그걸 기획서로 정리해
서 거래처에 제안하라고 하는 거예요……."

이노우에   "언제까지요?"

B   "모레까지요."

이노우에   "모레요? 급작스럽네요."

B   "그렇죠? 제대로 기획서를 만들려면 예산은
어떻게 하고, 스태프는 어쩔 건지 현실적으로
처리해야 할 사항이 많은데 이틀 안에 끝내기
는 정말 어려워요."

이노우에   "그래서 뭐라고 대답하셨어요?"

B   "마음속으로는 절대로 안 된다고 외쳤지만 못
한다고 하면 무능하다고 생각할 것 같아서."

이노우에   "하겠다고 하셨어요?"

B   "네……. 어떻게 해요, 선생님."

조직에서 일하다 보면 이처럼 과도한 업무를 맡게 되는 경우가 상당히 많다.

딱 잘라 거절하면 편하겠지만 상대는 다름 아닌 상사.

'싫지만 맡을 수밖에 없어……'

'안 하면 평가가 떨어질지도 몰라.'

이런저런 생각이 뇌리를 스친 끝에 억지로 맡아버리는 일이 많을지도 모른다.

하지만 가능하다면 지나친 요구는 거절하는 편이 좋다.

물론 딱 잘라 NO라고 말할 수는 없으니 이럴 때 효과적인 것이 'YES처럼 보이는 NO 작전'이다.

확실한 말만 '거절'이 아니다

앞서 등장한 B 님처럼 한번 하겠다고 하고 나서 "역시 안 되겠습니다"라고 거절하기는 어렵다. 무리한 요구를 들은 바로 그 시점에서 결판을 지어야 한다.

포인트는,

①   현재 상태를 전달한다(긴급한 업무에 착수할 만한 시간적 여유가 없음)

②   대안을 제시한다(대신 할 수 있는 일, 가능한 기간 등을 전함)

구체적인 예를 들면 이렇다.

상사	"모레까지 A사에 보낼 기획서를 정리하게."
나	"모레까지요? 실은 지금 한창 B사에 보낼 기획서를 작성하는 중입니다."
상사	"못 하겠다고?"
나	"아닙니다. B사에 보낼 기획서가 완성되면 바로 시작할 수 있으니 1주일 주시면 가능합니다."
상사	"그렇군. 그럼 그렇게 하는 걸로 부탁하네."

이 대화에서 가장 중요한 포인트는 최종 판단을 내리는 사람이 상사라는 점이다. 만약 처음에 못 하겠다고 거절했다면 가능, 불가능을 판단한 것은 여러분이 된다.

그에 비해 이 대화에서는 여러분이 제안한 대안을 받아들일지 말지 상사가 결정한다. 주도권을 잡고 있는 쪽은 상사이니 자존심이 상할 일도, 기분 나쁠 일도 없다. 하지만 거절은 거절이다. 현재 상태를 전달하고 말씀하신 일정 안에는 힘들다고 했으니 내용을 보면 100퍼센트 거절한 것이다. 상대가 눈치채지 못하게 NO를 제시한 셈이다.

이것이 바로 'YES처럼 보이는 NO 작전'이다.

협상이 어려운 사람은
관용 표현을 덧붙이자

'내가 저렇게 능숙하고 자연스럽게 받아칠 수 있을까' 하고 걱정된다면, 상대를 배려하는 동시에 자신의 열의를 전하는 '관용구'를 덧붙이면 말하기가 더 쉽다.

　"지금 상황에서 일을 시작하면 아무래도 소홀해져서 오히려 폐를 끼칠 것 같습니다."
　"최선을 다하고 싶으니 1주일 말미를 주실 수 없을까요?"

　이런 식의 표현이다.
　무리한 요구를 참고 견디며 받아들일 필요는 없다. 멋지게 받아넘기며 피해가자.

상사의 완벽주의에 휘둘릴 필요 없다

Don't Think
Too Much

'실패하면 어떡하지?'라는 생각

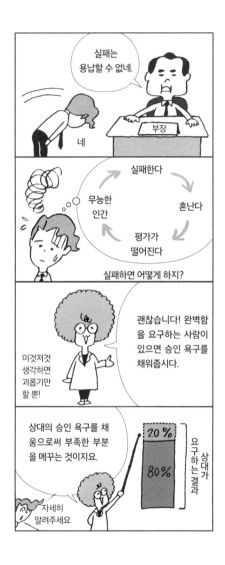

완벽함을 요구받으면 '실패하면 어쩌지?' 하고 무서워진다. 게다가 완벽함을 요구하는 상대가 "난 언제나 120퍼센트 힘을 내고 있어. 실패하는 것은 노력이 부족하기 때문이지" 라고 자부하는 유형이면 더욱 자신의 능력에 의문이 드는 경우도 많다.

그렇다고 스스로를 몰아세울 필요 없다.

실은 다른 사람에게 완벽을 요구하는 사람은 스스로 완벽하다는 자부심이 있다. 나는 잘하고 있다는 자신감이 있으니 주위 사람에게도 같은 수준을 요구하는 것이다.

그런 사람의 마음 깊은 곳에는 인정받고 싶다는 '승인 욕구'가 뿌리 깊게 박혀 있는 경우가 적지 않다. 물론 스스로 완벽하다고 생각할 수 있을 만큼 노력하는 일은 훌륭하다. 하지만 완벽주의에 덩달아 휘둘리는 입장에서는 난처할 수 있다.

같은 수준으로 노력할 것을 요구받아 힘들 때는 상대의 승인 욕구를 채워주는 것도 한 방법이다.

예컨대 상대가 바라는 수준까지 도달하지 못했을 경우,

"죄송합니다. ○○ 씨라면 잘했을 텐데 저는 아직 부족하네요."

이런 식으로 상대의 능력을 인정해서 기분을 맞춰준다.

상대가 요구하는 것이 100인데 80밖에 성과를 낼 수 없었을 때는 승인 욕구를 만족시켜서 나머지 20을 채우는 것이다.

칭찬은 고래도 춤추게 한다고 한다(이 경우 상대는 혼자서도 춤을 잘 추지만 말이다……). 이런 방식으로 접근하면 상대 역시 '이 사람은 별수 없네'라고 받아들이며 의외로 잘 지내기도 한다.

승인 욕구를 채우는 데
도움을 주었다고 생각하자

한편 완벽을 요구하는 사람은 사실 상대가 못 할 거라고 예상하고 시키는 면도 있다.

> 무리한 요구를 한다 → 요구받은 사람은 완벽하게 할 수 없다 → 도움을 청한다 → 자신이 한 수 위라고 생각할 수 있다 = 승인 욕구 만족

심층 심리에서는 이런 식으로 생각하고 있는 것이다.

그러니 누군가 완벽을 요구하며 압력을 가한다고 해서 실패를 두려워하면서 자신을 몰아세울 필요가 없다.

실패했다고 심하게 자책할 필요도 없다. 그보다 상대에게 가르침을 청하거나 상대를 치켜세우며 '역시 당신은 대

단하네요'라는 방향으로 몰고 가는 편이 낫다.

가벼운 마음으로 '이 사람의 승인 욕구를 채워줬군' 정도로 생각해도 충분히 괜찮다.

일 잘하는 동료에게 질투를 느꼈다면

Don't Think
Too Much

'왜 저 사람만 잘 될까?'라는 생각

일 잘하는 동료에게 질투를 느끼거나 곱지 않은 마음을 갖는 것은 어떤 의미에서는 자연스러운 현상이다. 그만큼 최선을 다해 자기 일을 하고 있다는 증거이기도 하다. 스스로도 노력하고 있으니까 속상한 것이다.

저런 감정을 품는 것 자체가 처음부터 끝까지 모두 나쁘다고만은 할 수 없다. 미래의 활력으로 바꿔 갈 수도 있고 말이다.

하지만 삐뚤어진 감정에 압도되어 상대의 모든 것을 부정하며 에너지를 불건전하게 소비하는 것은 좋지 않다. 일을 방해하자, 따돌리자. 이렇게 잘못된 방향으로 사고가 흐르면 내가 나아가야 할 길조차 보이지 않게 된다.

그러니 누군가에게 질투를 느꼈다면 그 너머에 있는 것을 보길 바란다.

예를 들어 동료가 상사에게 계속 칭찬받는 것이 질투날 때는 칭찬 받는 요인이 무엇인지 생각해 보라.

동료 역시 사실은 보이지 않는 곳에서 엄청나게 노력했고, 상사가 그것을 알기 때문에 칭찬했을지도 모른다. 그렇다면 멋진 일이다. 훔친다는 표현이 불편하다면, 흉내 낼 수 있는 지점까지 그 동료를 흉내 내면 된다.

반대로 배경을 살펴보니 그저 아부를 잘 떠는 것뿐일 수도 있다. 흉내 내고 싶지도 않고, 나는 받아들일 수 없는 방식이라는 것을 알았다면 무리할 필요 없다.

"나는 절대 저렇게는 못 해."

이렇게 나와 상대를 확실히 구분해서 받아들이면 된다.

남은 남, 나는 나라는 사고방식을 지키며 당신은 할 수 있는 일을 차곡차곡 쌓아나갈 수 있다.

머리끝까지 솟은 화도 식히는
'타임아웃' 전략

Don't Think
Too Much

'되갚아주겠어!'라는 생각

말도 안 되는 억지를 들으면 화를 내고 싶어진다. 뭐라고 되받아칠까, 복수하고 싶다, 이런 생각이 들 수도 있다.

아마 누구나 느끼는 감정일 것이다.

하지만 이때 감정을 제대로 조절하지 않으면 회사 안에서 입장이 난처해지고, 자칫하면 인생까지 좌우되는 사태로 발전할 수 있다.

화가 났을 때의 감정 조절이 얼마나 중요한지 늘 절감한다. 마음을 가라앉히는 방법은 다양하겠지만 가장 손쉬우면서 의사로서도 적극 추천할 수 있는 것은 '타임아웃' 전략이다.

간단히 말해 시간이 흐르길 기다리는 방법이다. 다만, 가만히 기다리는 것이 정답은 아니다.

포인트는 몸을 움직이는 것.

화장실에 다녀오거나 바깥 공기를 쐬면서 기분을 전환해 분노를 가라앉힌다.

가장 피해야 할 일은 자기 자리에 가만히 앉아 있는 것이다. 상대의 얼굴이 보일 수도 있으니 도리어 짜증이 치솟고, 들었던 말이 머릿속에서 떠나지 않아 분노를 다스리기 더욱 힘들어진다.

우선은 그 자리에서 벗어나서 몸을 움직이자.

물론 분노가 바로 0이 되지는 않겠지만 100이었던 화가 90으로 떨어지기만 해도 성공이다.

구체적인 예를 들면 이렇다.

상대방 "(말도 안 되는 트집)"

나 "……"

상대방 "이봐, 듣고 있는 거야?!"

나 "생각 좀 해보겠습니다." (그 자리를 벗어나서 타임아웃을 실시한다)

화가 치밀어도 우선은 말을 삼키자.

반사적으로 한 마디 되받아치고 싶어질 테지만 꾹 눌러야 한다. 이때 괜히 입을 열었다간 상대가 말꼬리를 잡을 것이 뻔하다. 불에 기름 붓는 격이 될 뿐이다.

칼은 뽑지 말고 일단 넣어두자.

반론은 냉정을 되찾은 후에!

'타임아웃' 전략에선 사과도 아니고 반론도 아닌 한 마디를 남기고 그곳을 떠난다.

"생각 좀 해보고 올게요."
"머리 좀 식히고 오겠습니다."

이런 말도 괜찮다.

이렇게 하면 상대의 말을 전부 받아들인 것은 아니라는 의사표시도 되고, 냉정을 되찾은 후 반론할 여지도 남길 수 있다.

그 자리에서 감정에 휩싸여 반론하면 사실은 맞는 말이어도 마치 틀린 소리를 하는 것처럼 느껴질 위험이 있다.

반론은 타임아웃을 실시해서 냉정해진 후에!

분노에 몸을 맡기고 행동하면 좋은 결과가 나오지 않는다. 화를 화로 맞받아쳐서 더 큰 스트레스를 불러오는 일은 피하도록 하자.

자신의 '싫다'는 마음을 존중한다

'누구에게나 웃는 얼굴로 대해야지'라는 생각

Don't Think
Too Much

사회생활을 하다 보면 언제부터인가 늘 웃고 있다는 것을 깨닫는 순간이 온다.

사실은 싫어하는 사람인데도 그 사람의 기분에 맞춰주기 위해 웃는다.

웃는 얼굴까지는 아니어도 '저는 온화한 사람이에요'라는 느낌을 가장해서 마음속과는 다른 표정을 짓고 있을 때가 있을 것이다. 마음으로 생각하는 것과 실제로 하고 있는 행동이 일치하지 않는 셈이다.

뇌를 속이고 있으니 마음에 큰 부담을 주게 된다.

마음속에는 반드시 좋고 싫음이 있기 마련이고 싫다는 감정도 소중하게 여겨야 한다.

그러니 무리해서 미소 짓지 말고 싫다는 마음을 존중해주어라. 노려볼 것까지는 없지만 억지로 웃음 지을 필요도 없다. 자기 마음을 속이면 자신의 진짜 얼굴을 잊어버리고 만다.

싫어하는 상대에게 미소 지으며
온화함을 어필해봤자 역효과

누구에게나 웃는 얼굴로 대하는 사람은 대부분 스스로도 그런 자신을 싫어한다.

그런데 어째서 억지로 미소 짓는 것일까?

'나는 당신의 적이 아니니까 상처주지 마세요'라는 신호를 보내고 싶은 마음 때문이다. 나의 진짜 마음, 즉 싫다는 마음이 전해지면 공격받을지도 모른다고 마음 깊은 곳에서 두려워하고 있는 것이다.

하지만 그래봤자 역효과를 불러올 뿐이다.

미소를 보이거나 온화한 사람으로 자신을 꾸미는 것은 좋은 관계를 맺기 위해 한 걸음 다가가는 행위다. 상대는 자신에게 다가왔다고 생각하고 뭐가 되었든 반응을 보인다. 당길 수도 있고 오히려 밀어낼 수도 있다. 그렇게 그 상대와 관계가 발전된다.

그러니 그다지 얽히고 싶지 않은 상대에게 미소 같은 것은 짓지 않아도 괜찮다!

좀 더 무표정하게 있으라.

미소를 지으며 한발 다가가거나 노려보며 물러서는 등 밀고 당기기를 하지 말고 무표정을 일관하며 관계를 제로로 유지한다.

미소 짓고 싶은 상대는 스스로 정해도 괜찮다.

퇴사하고 싶을 만큼
괴로운 당신을 위한 3가지 무기

'회사를 그만두자'라는 생각

Don't Think
Too Much

괴롭히는 사람 때문에 회사를 그만두고 싶다는 사람들이 자주 상담하러 온다. 일단 그 자리를 피하고 싶다, 괴롭다, 회사를 그만두고 싶다. 이런 마음을 안고 있는 분들이 많다.

당연하다.

마음이 부서질 것 같을 때 회사를 그만둔다는 선택지는 충분히 생각해 볼 수 있다.

그럼에도 불구하고 '회사를 그만두자고 생각할 필요 없다'고 이야기하는 것은 당장 회사를 그만두기 전에 해볼 수 있는 일이 있기 때문이다.

우선, '너 좋을 대로 하세요'라는 마음가짐을 장착해보길 권한다. 기분 나쁜 일을 당하고 있는데 어떻게 그렇게 생각할 수 있을까? 하지만 나는 무관심하게 흘려보내는 것이 가장 효과적이라고 단언한다.

회사에서 옆자리에 있는 사람이 화장실에 간다고 해서 신경이 쓰이지는 않을 것이다. 그런 식으로 당신은 당신 길을 가라는 느낌으로 관심을 갖지 말라. 무슨 짓을 하든 최소한의 반응만 보인다. 냉랭한 반응을 보이기로 마음먹는다. 두드려도 반응하지 않는 사람이 되는 것이다.

공격적인 사람은 대개 상대가 반응을 보이니까 더욱 강하게 공격하는 법이다. 반응이 있으면 꼬투리 잡기 좋고, 파고들 여지도 생기기 때문이다. 그러니까 좋을 대로 해보라는 정신으로 내버려두면 상대도 결국 공격을 누그러뜨리게 된다.

또한 행동 면에서는 상대가 한 말을 그대로 반복해보기를 추천한다. 직장 내 괴롭힘으로 느껴질 만큼 지독한 말을 들었다면 그 부분을 따라해보라.

들은 내용을 그 자리에서 반복하며 "지금 ○○라고 하셨습니까?" 하고 상대에게 사실 확인을 하자. 이 행동의 목적은 상대가 깨닫게 하는 것이다. 사실 확인을 하면, 이쪽이 지적하지 않아도 지나친 언사였다는 것을 상대가 깨닫게 할 수 있다. 문제 발언을 따라 하면 상대의 화를 더욱 돋을 수도 있지만, 불가피한 일이니 냉정하게 실천한다.

'녹음'으로 공격을 사전에 방지하자

그래도 상황이 호전되지 않을 때는 녹음하는 사람이라는 이미지를 만들어보자. 스마트폰이나 녹음기로 상대의 발언을 기록하는 것이다.

진짜로 녹음하지 않아도 괜찮다. 책상 위에 일부러 스마트폰이나 녹음기를 올려놓고 흘낏흘낏 본다. 녹음이 되고 있는지 확인하는 척하는 것으로 충분하다.

기록되고 있을지도 모른다, 증거가 남을지도 모른다. 이런 생각이 들면 공격적인 발언을 하기 힘들어진다. 저 사람은 녹음할지도 모른다는 이미지를 고수하면 공격을 막을 수 있다. 상당히 효과적인 방법이다.

내담자에게 이 방법을 권하면 "효과는 있을 것 같은데 이상한 사람이라고 여기지 않을까요? 직장에서 겉돌지도 모르고요"라는 말을 듣기도 한다.

하지만 그런 것을 신경 쓸 겨를이 없는 상황도 있다.

자신을 지키는 것이 가장 중요하니까.

마음에 상처를 입느니 좀 겉도는 편이 낫다.

산업카운슬러의 힘을 빌려
회사의 등을 밀자

만약 이제까지 제시한 다양한 방법을 구사했는데도 상황이 변하지 않고 괴로움이 사라지지 않는다면 마지막으로 시도할 수단이 있다. 산업카운슬러가 있는 회사라면 부디 상담을 해보길 바란다.

부서 이동이나 휴직을 하고 싶지만 회사와 바로 협상하려면 장벽이 높을 것이다. 그런 경우 산업카운슬러를 활용하자.

피고용자가 먼저 저 사람 때문에 컨디션이 나빠졌으니 부서를 옮겨달라고 요청해도 정신 건강에 대한 지식이 부족한 사람은 "다들 그렇게 살아"라며 흘려들을 가능성이 있다. 그러니 중간에 산업카운슬러를 끼고 이야기하자.

"이 사람은 현재 정신적인 면에서 문제를 안고 있습니

다. 의사의 입장에서 보면 ○○나 △△ 같은 대처가 필요하다고 판단됩니다.”

이렇게 ‘제 3자’이자 전문 의료인인 산업카운슬러의 도움을 받아 회사에 행동을 촉구하는 것이다.

다만 산업카운슬러의 의견을 회사가 반드시 들어야 하는 것은 아니다. 어디까지나 조언이기 때문에 반드시 희망대로 될 거라는 보장은 없다.

그래도 산업카운슬러의 의견이 뒷받침된다면 회사도 행동을 취하기 쉬워질 것이다.

‘그런데 우리 회사에 산업카운슬러가 있어?’

이런 의문을 갖는 분도 있겠다.

일본에서는 기본적으로 직원이 50명 이상인 회사에는 산업카운슬러가 한 명씩 배정되고 한 달에 한 번 정도 방문하는 경우가 많다. 나의 경우 현재 40곳 정도의 회사를 담당하며 한 달에 한 번꼴로 찾아간다. 직원이 1,000명 이상인 회사에는 전속 산업카운슬러가 있다. 매일 회사에 출근하고 자리도 정해져 있다.

어떤 경우든 산업카운슬러와 약속을 잡을 때는 산업카운슬러의 일정을 관리하는 총무과나 인사과를 통하게 된다. 산업카운슬러가 없는 경우에는 정신건강의학과에서 진단서를 받아 건강 상태에 이상이 있음을 회사에 알리면 된다.

정신과는 마음을 진찰하는 곳이다. 불안, 초조함, 무기력, 불면, 환청 등의 증상 또는 스트레스로 인한 두근거림, 구토감, 계속되는 설사 같은 증상도 다루고 있다.

'정신건강의학과의원'이라는 간판을 내건 곳 중 다니기 편한 병원을 고르면 되며, '나와 맞는다'라는 느낌이 드는 곳을 발견하기까지 몇 군데 돌아보는 것도 추천한다.

거짓말, 지각…
상대의 안 좋은 습관으로부터 나를 지킨다

Don't Think
Too Much

'버릇을 고쳐줘야지'라는 생각

하겠다고 해놓고서 안 하거나, 지각해놓고 아닌 것이 뻔히 보이는 변명을 하거나, 시간을 지키지 않거나. 세상에는 아무렇지 않게 거짓말을 하는 사람들이 있다.

그런 사람들은 거짓말하는 일상에 익숙하기 때문에 잘 못했다고도 생각하지 않고 크게 반성하지도 않는다.

정신의학적으로 보면, '거짓말하는 사람 = 정신적으로 미숙한 사람'이다.

인간에게는 '쾌락원칙'이라는 것이 있다. 불쾌하게 느껴지는 일은 피하고 쾌락을 좇는다. 이것이 쾌락원칙이다.

어릴 적을 떠올려보자. 숙제를 끝내고 게임 하겠다고 부모님과 약속해놓고서 역시 공부는 하기 싫으니까 게임부터 해버린 기억이 있을 것이다.

물론 그랬다가는 당연히 부모님께 혼나고, 스스로 생각해도 좋지 않다는 것을 조금씩 깨달아간다. 그 결과 인내를 배우고, 쾌락원칙만 따라서는 안 된다는 것을 자각하며 자신의 행동을 수정해나간다.

하지만 수정할 기회가 부족해서 미숙한 상태로 어른이

되는 경우도 있다. 숙제의 예를 다시 들면, 약속을 어기고 게임을 했는데도 부모님에게 혼나지 않아서 반성할 기회를 잃은 채 언제까지고 쾌락만 우선하게 되는 것이다.

그렇게 자라나서 자신의 쾌락을 지키기 위해 거짓말을 반복하는 사람이 되는 케이스를 많이 볼 수 있다.

거짓말쟁이는 고칠 수 없다

유감스럽게도 거짓말하는 습관은 고칠 수 없다. 그러니 '거짓말하는 버릇을 고쳐주겠다'고 생각하지 말자.

물론 당하는 입장에서는 굉장히 화가 나지만 거짓말은 고칠 수 없다. 중요한 것은 상대가 거짓말을 했을 때 나를 지키는 방법이다.

우선은 '그렇게 말했다, 말 안 했다'식의 말싸움이 되지 않도록 기록을 남길 필요가 있다.

연락은 원칙적으로 메일이나 문서로 하자. 만일 이미 과거에 얽힌 적이 있다면 "지난번 같은 트러블로 이어지지 않도록 이렇게 해둡시다"라고 방어선을 치자. '이 사람한테 거짓말하면 골치 아프겠구나'라는 생각을 심어주는 것이 중요하다.

예를 들어 상투적으로 전철이 늦게 와서 지각했다고 변명하는 후배를 생각해보자.

후배　　"죄송합니다. 전철이 멈춰서 지각했습니다."

나　　"몇 호선이요?"

후배　　"……2호선입니다."

나　　"멈췄다는 것을 알게 된 시점에서 왜 연락을 안 했나요?"

후배　　"정신이 없어서 그만 깜박했습니다."

나　　"그래요? 전철이 멈췄다면 오히려 시간이 있었을 것 같은데요."

후배　　"……."

이렇게 구체적으로 따져서 이 사람한테 거짓말하면 추궁당하니까 귀찮다는 생각을 심어준다.

시간을 지키지 않는 사람에게는
'제한 시간'을 전달하자

시간 개념이 느슨한 사람이 있으면 마음이 불편하다. 친구라면 그래도 괜찮지만 업무상 알고 지내는 사이라면 바로 불만을 제기할 수도 없으니 해소되지 못한 감정이 남을 수 있다.

이럴 때는 처음에 어떻게 대처하느냐가 중요하다.

예를 들어 모임 시간을 정하는 처음 단계에서 제한 시간도 함께 알린다. 오후 4시에 지하철역에서 합류해 거래처에 가는 상황이라면 다음과 같이 선언한다.

"다 모이지 않아도 4시 10분이 되면 먼저 출발하겠습니다."

또 매번 회의에 늦는 사람 때문에 회의가 지지부진 늘어진다면 회의 시작 시점에서 이렇게 말해둔다.

"다음 약속이 있어서 저는 3시에 먼저 자리를 뜨겠습니다."

이렇게 끝을 명확히 해두면 상대가 아무리 늦게 와도 그것은 그 사람의 문제일 뿐이다.

그러고 나서 어떻게 되든 내 알 바 아니라는 마음가짐으로 그냥 두도록 하자.

부정적인 감정은 전염되기 쉽다

Don't Think
Too Much

'나도 저렇게 될지 몰라'라는 생각

누가 웃으면 따라서 웃고, 슬픈 뉴스를 들으면 가슴이 아파지는 경험을 해본 적 있는가?

이는 인간이기 때문에 일어나는 현상으로 '감정 전염'이라고 한다. 소리굽쇠가 서로 공명하는 것처럼 감정 역시 사람으로부터 사람에게로 옮겨간다.

예능 프로그램에서 웃음소리를 집어넣는 것은 이 효과를 노리기 때문이다. 어린 아기도 어른이 웃으면 의미도 모르면서 함께 미소를 짓는다.

이 감정 전염의 정도는 사람에 따라 다르다. 특히 'HSP (Highly Sensitive Person, 매우 예민한 사람. 창의력이나 공감 능력이 뛰어나지만 쉽게 스트레스를 받고 지치거나 좌절하는 단점도 있다-역주)'라 불리는 섬세한 기질을 타고난 사람은 감정 감염이 강하게 일어나는 경향을 보인다.

감정 전염이 강한 사람은 타인의 부정적인 감정 역시 자기 것처럼 받아들인다. 여러 사람의 감정을 마치 자신의 것처럼 느낀다면 그 괴로움은 매우 클 것이다.

그렇게 되지 않으려면 '방어벽'을 쳐야 한다.

셔츠주머니에
펜을 꽂아 방어벽을 친다

방어벽은 경계선을 의미한다. 온갖 감정이 내 안으로 흘러 들어오지 못하게 경계선을 긋고, 너는 너, 나는 나라는 방어벽을 치는 것이다.

정신과 의사이자 산업카운슬러로 일하면 정신적으로 힘들어하는 분들과 만날 기회가 많다. 너무 무방비하게 있으면 환자나 내담자의 감정에 휩쓸려버릴 위험이 있다. 그러면 의사로서 냉철한 판단을 내리기 힘들기 때문에 진찰 중이나 상담 중에는 방어벽을 친다.

방법은 매우 간단하다.

셔츠주머니에 펜을 꽂으면 끝이다.

그 펜이 나의 방어벽이다.

방어벽이 꼭 펜이어야 하는 것은 아니다. 책상에 올려

둔 필통, 티슈 케이스, 목걸이 등 무엇이든 괜찮다.

핵심은 '방어벽 안쪽으로는 감정이 밀려들어오지 않는 다'고 의식하는 것이다.

요즘에는 코로나 방지를 위해 사무실 책상에 아크릴 판을 설치하기도 한다. 감정 전염을 막는다는 의미에서도 그 판은 매우 유효하다.

타인의 감정에 민감한 사람은 꼭 방어벽을 쳐서 의식적으로 다른 사람의 기분을 지나치게 감지하지 않게 해보자.

다른 사람의 부정적인 감정에 휘둘려서 자기 기분까지 가라앉힐 필요는 없다.

나는 내 마음만 마주보면 충분하다.

상처 주는 말에
강력한 방패가 되는 'I 메시지'

Don't Think
Too Much

'내 색깔이면 안 돼'라는 생각

주변에 무신경한 사람이 있으면 누구든 짜증이 나고 답답할 것이다. 자연스러운 감정이니 억지로 삼키려고 노력할 필요는 없다.

'내색하면 기분 나쁘겠지.'

'대놓고 불쾌해하면 분위기가 더 나빠질 거야.'

이렇게 마음 쓰며 못 본 척할 필요도 없다. 차라리 조금씩 알려주는 편이 낫다고 생각한다. 무신경한 사람이 저지르는 실수는 크게 두 가지로 나눌 수 있다.

하나는 매너에 어긋나는 행위.

다른 하나는 누군가에게 상처를 주는 행위.

매너에 어긋나는 행위는 나 역시 자주 목격한다. 얼마 전, 산업카운슬러로서 면담을 하던 중 실제로 있었던 일이다.

휴직을 할지 말지를 두고 내담자와 그 상사와 함께 무릎을 맞대고 이야기하던 중이었다. 상사의 스마트폰에서 쉴 새 없이 알람이 울렸다. 진동이 오면 스마트폰을 만지작거리며 확인하고, 울리면 또 체크하고의 반복이었다.

대단히 중요한 상담을 하던 중이었고, 매우 무거운 공

기가 흐르는 분위기였다. 그런데도 상관없이 스마트폰을 만졌다. 전화가 오는 것도 아니니 아주 급하게 확인해야 할 용무는 아닌 듯했다. 어쩌면 이 사람은 다른 회사와 협상하는 중에도 스마트폰을 볼지도 모르겠다는 느낌이 왔다.

이렇게 매너를 지키지 못해 분위기를 흐리는 사람에게는 있는 그대로 말하는 것이 좋다. 당신이 손해 보지 않으려면 매너는 지키는 게 좋다고 말이다.

배려한다고 못 본 척하면 아무것도 바뀌지 않는다. 본인은 자기가 잘못했다는 사실을 전혀 인지하지 못한다. 확실히 알려주는 편이 오히려 친절하다고 할 수 있다. 함께 일하는 사람 입장에서도 상대방이 자기 실수를 깨닫게 되면 더할 나위 없이 편하다.

다른 하나, 누군가를 상처 입히는 행위도 마찬가지다.

이런 유형의 사람에게 지적할 때는, 주어를 잘 구분해 사용하는 것이 포인트다. 상대를 주어로 쓰지 말고 '나'를 주어로 이야기하자. 예를 들어보자.

✕ "넌 그런 부분이 문제야. 분위기 파악 좀 해라."

◎ "지금 네가 한 말 때문에 나는 정말 상처받았어."

'너'를 주어로 하면 상대는 되받아치기 마련이므로 결과적으로 싸움이 일어난다. 그러니 '내(I)'가 어떻게 느꼈는가를 전하는 'I 메시지'로 이야기하라.

요즘은 개인이 존중받는 시대다. 시간, 장소, 경우를 개의치 않는 복장으로 나다움을 드러내거나, 분위기에 따르지 않고 일부러 대놓고 솔직히 말하는 것이 당당해서 좋다고 생각하는 사람들도 있다.

하지만 그 말이 곧 타인을 상처 입혀도 괜찮다는 의미는 아닐 것이다. 나 자신을 제대로 지키기 위해서는 자기 마음을 전달하는 것도 중요하다.

사회의 일원이며, 조직에 속해 있는 이상 지켜야 할 규칙과 매너, 질서라는 것이 있다. 거기에 맞출 수 없다면 혼자서 살아갈 수밖에 없고, 결국 손해를 보는 것은 그 사람 자신이다. 무신경한 언행으로 주위를 힘들게 하는 사람에게는 그 사실을 있는 그대로 알려주자.

참견은 우아한 대화법 앞에 힘을 잃는다

Don't Think
Too Much

'거절하기 미안하다'라는 생각

오지랖 넓은 사람은 의외의 복병이다. 대부분의 경우 악의가 없고, 오히려 친절한 마음에서 행동하기 때문에 딱 잘라 거절하기 미안한 경우가 많다.

이 오지랖 넓은 사람들은 자기 생각이 옳다고 확고하게 믿으며 조언을 한다. 어떻게 해주고 싶다, 고쳐주고 싶다. 설마 상대가 싫어하는 일을 하고 있다고는 꿈에도 생각지 못하는 게 보통이다.

즉 오지랖 넓은 사람들은 대부분 약간 비뚤어진 정의감을 갖고 있다. 그런 사람이 근처에 있으면 대응하기가 난감하다. 섣불리 대답했다가 상대에게 상처를 줄 수도 있으니, 어쩔 수 없이 조언을 받아들이는 경우도 있을 것이다.

하지만 거절하면 미안하다고 생각할 필요 없다. 내가 지금 느끼는 '싫다'는 감정을 억누르지 않아도 괜찮다.

'귀찮아.'

'나 좀 가만 내버려 둬.'

당연히 이런 마음이 든다.

오지랖 넓은 사람을 대할 때의 포인트는 세 가지다.

❶   우선 감사 인사를 한다.

❷   다음으로 나의 감정을 전한다.

❸   마지막으로 약간 난감하다는 분위기를 낸다.

구체적인 예는 이렇다.

상사   "집에만 틀어박혀 있으면 몸에 안 좋아. 이
         번에 마라톤 대회에 나갈 건데, 같이 해볼 텐
         가?"

나   "마음 써주셔서 감사합니다."❶

상사   "자, 그럼 자네 이름도 등록해두겠네."

나   "아닙니다. 말씀은 감사하지만 달리기에는 좀
         약해서요. 주말에 걷기 운동을 하고 있으니까
         괜찮습니다."❷

상사   "무슨 소리야. 주말에 걷는 걸로는 부족하지.
         밥도 늘 편의점에서 사 먹지? 그래서 쓰겠나.
         아, 맞아. 와이프가 처가에서 받아온 채소도
         잔뜩 있으니까 내일 가져다줄게."

나   "집에서 요리를 안 해서요. (난감한 얼굴) 제

일은 제가 할 수 있으니까 괜찮습니다(단호하
게)." ❸

우선 상대의 배려에 감사를 전하고, 나의 기분을 말한
다. 그런 후 더 이상 파고들지 않았으면 좋겠다는 어조로
말한다. 이렇게 세 단계를 거쳐 거절하면 실례를 범할 우려
는 없다.

유감스럽지만 오지랖 넓은 사람의 간섭을 즉시 끊을 수
는 없다. 상대방의 생각대로 움직이지 않는 모습을 계속해
서 보여주는 것이 중요하다.

주어를 'everyone'으로 하면
거절하기 쉽다

코로나로 인해 재택근무가 늘어나면서 회사 사람이 전보다 더 사생활에 간섭해서 힘들다는 이야기를 자주 듣는다.

예를 들어 최근에 이런 상담을 했다.

내담자는 여성이었는데 상사와 온라인 미팅을 하던 중 이런 말을 들었다고 한다.

"방 안에 걸어둔 옷이 보이니까 개는 게 좋겠어."

내담자분은 '이 사람 대체 뭐야?'라고 생각했다고 한다.

아주 솔직한 반응이다.

상사의 입장에서 생각하면 친절한 의도로 얘기한 것일 수 있다. 어떤 면에서는 타당한 조언 같다는 생각도 들면서, 한편으로는 일부러 그런 언급을 할 필요는 없는 것도 같다. 받아들이기에 따라서는 성희롱이 될 수도 있는 복잡

하고 애매한 영역이다.

　이런 민감한 대화에서는 주어를 'everyone'으로 해서 NO를 표현하는 방법을 권한다.

　조금 전의 케이스로 돌아가자.

　"그렇게 말씀하시면 다른 직원들도 기분 나빠할 수 있어요."

　주어를 '나'가 아니라 '다른 직원들'로 잡는 것이다.

　이렇게 주어를 'I' 대신 'everyone'으로 해서 대다수의 의견인 듯 완곡하게 표현하면 공격적으로 들리지 않는다.

　덧붙이자면 화상회의의 배경 문제에 관해서는 괜한 참견을 피하기 위해 스스로 예방책을 세우는 것도 중요하다. 배경을 따로 설정해두거나, 흰 벽을 등지고 하거나, 천을 걸어두는 등 다양한 방법을 생각해볼 수 있다.

　싫다는 마음이 들면 스스로 대책을 마련한다. 그것이 가장 큰 전제 조건이다.

쓸데없이 한마디 더하는 사람에게
의문을 갖지 않는다

'왜 그런 말을 하지…'라는 생각

Don't Think
Too Much

세상에는 한 마디 꼭 덧붙이는 사람이 존재한다. 이 책의 독자들 중에는 쓸데없는 말 한 마디 때문에 기분이 확 가라앉는 경험을 해본 이도 많을 것이다.

'굳이 그런 말을 해야 해?'
'왜 저런 말을 해서 사람을 불쾌하게 만들지?'

쓸데없는 한 마디는 보통 예상치 못한 순간에 듣게 된다. 공격력도 그만큼 강력하다. 나 역시 간혹 그런 사람을 맞닥뜨린다. 예를 들어 얼마 전에는 이런 일이 있었다. 담당하는 기업에서 건강검진 결과가 안 좋은 분을 불러 이야기했을 때였다. 위험한 수준의 고혈압이었기 때문에 생활면에서 몇 가지 조언을 한 후에 들은 한 마디다.

"선생님도 먹고살자고 하시는 말씀이겠죠."

약간 당황했지만 맞는 말이긴 했으니 부정하지 않았다. 이런 말을 하는 배경에는 다양한 원인이 있을 거라고도 생각했다. 검진 결과가 나쁘단 것은 이미 숫자로 알 수 있다. 그런데 굳이 불러서 타인에게 이래라저래라 충고를 들었으니 기분이 나쁠 수 있다고 짐작한다. 거기에 한 마디 던져서 대등한 입장에 서고 싶다는 심리가 작용한 것인지도 모른다.

또 이런 일이 있었다.

나는 옷차림새에 큰 흥미가 없는 편이라 의사 가운도 입지 않고 보통 사복으로 사람들 앞에 나설 때가 많다. 그것을 본 어떤 회사원 분에게 이런 말을 들었다.

"의사인데 보세 같은 싼 옷을 입으시네요?"

싼 옷이라고 콕 집어서 말할 필요는 없었을 텐데…….

나는 정신과 의사이기 때문에 정신적으로 불안정한 분들을 대하는 일에는 익숙하다. 다양한 발언을 들음으로써 상대방의 상태를 확인할 수도 있다. 그러니까 한 마디 덧붙이는 사람을 만나도 크게 신경 쓰지 않는다. 하지만 가까운 곳에 이런 사람이 있어서 괴로움을 느낀다면, 거리를 두는 것이 가장 이상적이다.

'왜 저렇게 말하지…….'

이렇게 진지하게 받아들이고 짜증을 느끼거나 자기 자신을 되돌아보는 것은 분명히 말해 에너지 낭비일 뿐이다. 되도록 엮이지 않으려고 노력하는 것이 제일이다.

인간관계에서 소외감을 느껴도 괜찮다

Don't Think
Too Much

'난 사회성이 부족한가 봐'라는 생각

다음과 같은 고민을 자주 듣는다.

☐ 회사에서 다른 사람들이 화기애애하게 이야기할 때 소외감을 느낀다.

☐ 세 명 이상 모이면 대화하기 힘들다.

☐ 누가 함께 식사하자고 해도 정신적으로 지칠 것 같아 거절하고 만다.

이런 문제로 고민하는 분들은 보통 스스로를 이렇게 생각한다.

'난 어차피 사회성이 부족하니까.'

'다들 나를 좋은 분위기에 재 뿌리는 사람이라고 생각할 거야.'

그리고 침울한 기분에 휩싸일 것이다.

애초에 회사 인간관계에 끼지 못하는 것이 고민되는 이유는 인간관계에 껴야만 한다고 생각하는 마음이 있기 때문이다.

하지만 나다움을 버리면서 그 안에 들어갈 필요는 없다. 자신의 페이스를 유지하는 것은 매우 중요하다. 무리해서 다른 사람들의 장단을 맞추며 괴로워하지 않아도 괜찮다. 남은 남, 나는 나라는 선을 그어두자.

성실하게 일해서 성과를 거두면 사람들은 다가오게 되어 있다. 우선 일에 집중하자.

그룹 안에 들어가고 싶을 때는 '이름+인사'로 신뢰를 쌓아가자

반면 그룹 안에 들어가고 싶은데 못 끼는 내가 싫다고 생각하는 분도 있다. 그런 경우에 쓸 수 있는 막강한 무기가 있다.

바로 '인사'다.

그게 뭐가 대단하냐는 생각이 들 수도 있지만, 인사는 강력한 커뮤니케이션 수단이다.

특히 "○○씨, 안녕하세요?"처럼 이름과 인사를 합치면 더할 나위 없는 조합이 된다.

이 인사를 반복하면 마음의 거리가 점점 줄어든다. 사이가 조금 가까워졌을 때쯤 사소한 고민 상담 등을 하면 거리는 훨씬 줄어들 것이다.

인사를 통해 신뢰를 쌓아왔다는 점이 중요하다.

예를 들어 회사에서 서너 명이 모여 "점심 먹으러 갈까요?", "어디가 좋을까요?" 하고 신나게 이야기하고 있다고 치자.

그 그룹에 정말 들어가고 싶은 경우, 용기를 짜내어 다가가서 "저도 함께 갈래요!" 하고 말해볼 수도 있다.

하지만 그다지 친하지 않은 상태에서 그렇게 하면 그 안에 '끼는 것'이 아니라 분위기를 '깨는 것'이 될 수도 있다.

거리를 너무 갑작스럽게 줄였기 때문이다.

우선은 '이름+인사'를 통해 가까워지다가 가벼운 고민 상담을 해서 신뢰관계를 쌓기를 추천한다.

그룹에 끼고 싶지 않을 때는 거절할 말을
미리 준비해두자

반대로 굳이 그룹에 끼고 싶지 않은데 같이 어울리자는 말을 거절하기 힘들어서 고민인 분도 있다.

술자리를 거절하기 힘들다는 상담이 많은 편이다.

요즘에는 코로나의 영향으로 회식이 줄어들고 있지만, 이런 시국임에도 불구하고 술자리에 불러내는 사람은 보통내기가 아니라는 뜻이기도 하다. 강압적인 사람일 것이고 거절하기 힘들 수 있다.

아래와 같은 전개가 될 가능성이 높다.

> **상대** "오늘 밤 모두 함께 마시기로 했는데 ○○ 씨
> 도 같이 갈 거지?"
>
> **나** "아, 오늘이요……?"

상대	"다른 일 있어?"
나	"그건 아닌데 오늘은 좀……."
상대	"그러지 말고 같이 가자. 다들 가는데."
나	"……알았어요. 그럼 한 잔만."

이렇게 끌려갈 것이 훤히 보인다.

이 대화에서 분기점이 되는 지점은 상대가 "다른 일 있어?"라고 물었을 때의 대답이다.

예시에서는 급작스러운 제안에 당황한 나머지 제대로 거절하지 못했지만, 저 때 제대로 의사를 표시하면 억지로 끌려가지 않고 해결할 수 있었을 것이다.

그러니 갈 수 없는 이유를 미리 준비해놓자.

"가족 행사가 있어서요."

"주말에 할머니를 뵈러 갈 예정이라 혹시 모르니 안 가는 게 좋을 것 같습니다."

코로나 시국이기 때문에 가능한 핑계도 많다.

덧붙이자면 내가 잘 쓰는 핑계는 "죄송한데 오늘 올 택

배가 있어서요"다.

그렇게 말하고 재빨리 돌아간다.

마지막으로 처음부터 무조건 거절하겠다고 결론짓지 말고, 갈지 말지의 기준을 정해두는 것도 좋다.

- ☐ 세 번 부르면 그중 한 번은 간다.
- ☐ 다음 날이 휴일이면 간다.
- ☐ 서로 관계없는 사람이 세 명 이상 모인 경우에는 간다.

자기만의 여러 다른 기준도 생각해볼 수 있을 것이다.

중요한 것은 누가 오라고 한 후에 생각하는 것이 아니라 미리 줄거리를 짜놓는 점이다.

다만 거절할 때는 거절하더라도 불러준 것에 대한 감사를 제대로 표현하자. 최소한의 예절을 표함으로써 거절의 부담을 덜 수 있다.

누군가에게 인사를
자꾸 무시당할 때 버려도 될 생각

Don't Think
Too Much

'날 싫어하나?'라는 생각

인사했는데 무시당하면 슬퍼진다. 무시당했다는 충격에 휩싸이고, 불안감이 밀려올지도 모른다.

'날 싫어하나?'
'무슨 잘못을 했나?'

어떤 의미에서는 자연스러운 반응이므로 생각할 필요 없다고 치부하기 어려울 수 있다.

하지만 그래도 고민할 필요 없는 일이다. 타인과 나 사이에 선을 긋고 생각하는 것이 마음이 편해지는 비결이기 때문이다.

내가 인사를 한 것은 맞지만, 그에 어떻게 반응하느냐는 상대의 문제다. 상대의 영역으로 던진 공은 상대의 것이다. 어쩌면 그 사람은 잠이 부족했을 수도 있고, 컨디션이 나빴을 수도 있다. 그러니까 상대의 영역에 들어가서 생각할 필요 없다.

물론 반복해서 무시당하면 아무래도 기분이 상한다.

처음에는 안 들렸을지도 모른다고 생각하고 넘겼다가도 계속 무시당하면 어떻게 해석해야 좋을지 모르게 될 것이다. 저 사람에게는 더 이상 인사하지 말자는 생각이 들 수도 있다.

하지만 인사를 하는 것이 옳은 일이다.

오히려 인사를 안 했다가 트집 잡힐 여지를 줄 수도 있다. 그런 위험성을 짊어지지 말고, 무시당하든 말든 인사를 해서 '자기정당성'을 높이자.

옳은 일을 했다는 사실이 결국 나를 지켜줄 것이다.

소문내기 좋아하는 사람의
기대를 배반하라

Don't Think
Too Much

'소문, 남에게 알리지 않으면 내 몫도 물지 몰라'라는 생각

소문을 좋아하는 사람은 어디에나 있다. 일과는 관계없는 이야기, 누가 어디서 뭘 했더라 하는 소문을 듣게 되면 괜히 얽히고 싶지 않다는 생각이 드는 게 일반적이다. 그 대화에 참여한 것만으로도 공범자가 된 것 같아 석연치 않은 기분이 들기 때문이다.

그와 동시에 '무시하면 다음번에는 내 흉을 보는 거 아니야?'라는 생각도 머릿속을 스칠지 모른다.

하지만 그런 것까지 생각할 필요 없다.

남의 흉을 볼 때 괜히 장단을 맞추다가 다른 사람들의 신뢰를 잃을 수도 있다. 소문내기 좋아하는 사람과 사이가 소원해지면 그것은 그것대로 좋다.

뒷담화를 피해서 그 사람에게 미움을 받을 것인가.

뒷담화를 해서 회사의 모두에게 미움을 받을 것인가.

이렇게 생각하면 소문을 좋아하는 그 한 사람에게 미움 받는 편이 훨씬 낫지 않을까?

그렇다면 뒷담화를 들었을 때 어떻게 반응하면 좋을까?

소문 퍼뜨리기 좋아하는 사람들은 보통 자기가 잘못된

행동을 하고 있다고는 추호도 생각하지 않는다. 오히려 좋은 일을 한다고 믿고 있다. '누군가의 비밀을 알려주는 것이다'라고 말이다.

그런 사람들은 소문을 공유하는 사람도 "세상에, 진짜? 몰랐어!" 하고 즐거워하며 흥분해주기를 기대한다.

그 기대에 부응하지 말고 허탕치게 만드는 것이 옳은 반응이다.

"아, 그래요?"

이런 느낌으로 완전히 무관심하다는 태도로 행동해보자. 상대가 기대하는 것과 다른 반응을 보이면 엮일 일도 줄어들 것이다.

타인의 고민 상담엔
어떻게 위로하면 좋을까?

Don't Think
Too Much

'도움이 되는 말을 해야 하는데'라는 생각

사람들은 보통 누군가 고민을 털어놓거나 상담을 요청하면 도움이 되는 말을 해서 격려해주고 싶다고 생각한다.

하지만 억지로 좋은 말을 하려 하지 말고 그저 "그래, 그래" 하고 이야기를 들어주기만 해도 충분히 도움이 된다.

정신과 의사로서 처음 근무한 병원에서 만난 어떤 의사에게 그것을 배웠다. 어려움을 겪고 있는 사람을 어떻게 도와줄 수 있는가를 기본부터 가르쳐준 그분은 나의 은사이신 오사카부 고쿠분 병원(大阪府 国分病院)의 기노시타 히데오 선생님이다.

기노시타 선생님은 의사로서 병을 고친다는 의식에 앞서 '어려움을 겪는 사람에게는 말을 건넨다. 그러는 과정에서 의사로서 할 수 있는 일을 한다'는 생각을 갖고 있었다.

이런 자세 때문인지 정신과 의사다워 보이지 않았고, 일반적으로 생각하는 의사의 이미지도 아니었다.

물론 의사니까 약을 써서 치료하기도 하지만, 힘든 일이 있으면 우선 이야기해보라는 느낌으로 환자에게 가까이 다가갔다.

그러던 중 함께 당직을 서던 날 처음으로 충격을 받았다.

새벽 3시에 자살미수 환자가 실려 왔다.

사실 자살미수 환자가 심야에 실려 온 경우에는 대응의 흐름이 정해져 있다. 그대로 집에 돌려보내면 같은 일을 반복할 우려가 있으므로 입원 절차를 밟은 후 그날은 자물쇠가 있는 방에 묵게 하는 것이 정해진 틀이다.

신입의사이긴 했지만 다른 선배들과 이미 몇 번 당직을 서보았던 나 역시 그 흐름을 대략 파악하고 있었다. 하지만 기노시타 선생님은 완전히 달랐다. 바로 입원 절차를 밟는 대신, 실려 온 환자의 눈을 똑바로 응시하며 끝도 없이 이야기를 듣는 것이었다.

의사도 사람이니까 늦은 밤에는 졸리다. 어떻게 하면 되는지 이미 정해져 있으니 그대로 따르면 충분하다고 생각했다. 하지만 기노시타 선생님은 "그래, 그렇구나", "힘들었겠어요"라며 두 시간 정도 이야기를 들었다. 선생님에게는 당연한 일이었던 것이다.

의사는 아무래도 내가 고쳐주어야 한다는 생각의 함정에 빠지기 쉽다. 이야기도 제대로 듣지 않고 '약을 줄 테니 복용하세요'가 되기 십상이다.

하지만 사실은 그렇게 하기 전에 더 중요한 일이 있다.

어려움을 겪고 있는 사람에게 말을 거는 것이다.

"왜 그래요? 괜찮아요?"라고.

이것이 사람을 돕는 일의 근본이다.

하지만 의사는 그 부분을 간과하고 치료에 중점을 두는 경향이 있다.

나 역시 기노시타 선생님에게 배운 '어려움을 겪고 있는 사람을 어떻게 도와줄 수 있는가'를 늘 명심하며 환자를 대하려고 노력하고 있다.

누군가 이야기를 들어주기만 해도 사람은 마음에 큰 평온을 얻는다. 의사가 아니어도 누구나 할 수 있는 일이다.

그러니 누군가가 고민 상담을 청하면 도움이 되는 조언을 해주어야 한다는 생각에 긴장하지 말고, 그저 이야기를 들어주자. 그것만으로도 그 사람은 큰 위안을 얻을 것이다.

빠른 회복은 오히려 위험 신호

그런데 심각한 고민을 안고 있던 사람이 갑자기 나아졌다면 오히려 주의가 필요하다. 도움을 주려는 사람과 거리를 두려 하고 있을 가능성이 높기 때문이다.

정신과 의사들도 세심히 주의를 기울이는 부분이다. 예를 들어 정기적으로 내원하던 환자가 "감사합니다. 많이 좋아졌어요"라고 말하기도 한다. 이 말을 액면 그대로 받아들여서 다행이라고 긍정적으로 해석해버리기도 한다.

하지만 침착하게 생각해보면 몇 십 년이나 고통받던 사람이 어떻게 갑자기 호전되었을까?

이런 경우 사실은 마음속으로 결단을 내린 케이스가 많다. 신변을 정리하고, 이미 유서를 써놓았을 수 있다.

그러니 상식적으로 있을 수 없는 속도로 병에서 회복했

다는 것은 위험한 징조다. 괴로워하던 사람이 도움을 주던 이들과 거리를 두고 교류를 피하는 경우, 치료가 필요한 영역에 들어섰을 우려가 있다. 정신과 의사나 산업카운슬러를 만나보도록 격려해주자.

CHAPTER
2

직장환경에 관해
생각하지 않아도 좋은 것

당신이 심각하게 고려해야 할
'악덕기업'의 조건

Don't Think
Too Much

'나는 응답해야 하는데'라는 생각

재택근무하며 흔히들 겪는 문제를 이야기할 때 제일 처음 거론되는 것이 바로 감시당하는 것 같다는 고민이다. 사무실에 있으면 근무하는 모습을 서로 볼 수 있지만 재택근무 중에는 그렇지 않다.

내가 담당하는 회사 중에는 한 시간마다 업무 진행 상황을 보고해야 하는 곳도 있었다.

물론 당장 그만두는 편이 좋다고 조언했다.

쉴 새 없이 보고할 것을 요구받고, 빈번히 연락을 취하며 상황을 확인해줘야 하는 일은 엄청난 스트레스를 불러온다. 계속 감시받는 느낌에 잠깐 휴식을 갖는 것도 어려워진다.

그래서 "전화를 안 받으면 땡땡이치고 있다고 생각할 것 같아서 화장실 갈 때도 스마트폰을 놓을 수 없다"고 호소하는 분도 있었다. 전화를 받지 않았다는 상황 자체를 만들고 싶지 않은 것이다.

어떤 마음인지 이해한다.

전화를 안 받았다간 나중에 무슨 소리를 들을지 모르

고, 괜히 농땡이 치는 것으로 보여서 평가가 안 좋아지는 것이 아닐까 불안할 수 있다.

하지만 언제든 연락 가능한 상태를 유지하자고 생각하고 있으면 한시도 마음을 놓을 수 없을 것이다. 전화를 받지 못할 사정은 얼마든지 있다. 그러니 너무 신경 쓸 것 없다. 다른 회의 중일 수도 있고, 그야말로 화장실에 갔을 수도 있다.

물론 사정이야 어찌 됐든 이러쿵저러쿵 한 소리 들으면 울적해지는 것도 사실이다. 기억해두어야 할 것은 다시 전화를 걸 때 내가 먼저 포문을 열어야 한다는 점이다. 그것이 마음을 지키는 포인트다.

"○○입니다. 조금 전에는 전화를 받지 못해 죄송합니다. 다른 회의 중이었습니다."

첫마디에 전화를 받지 못한 이유를 말해버리는 것이다.

부재중 전화에 다시 전화를 걸 때는 거는 사람이 대화를 시작할 수 있기 때문에 먼저 말문을 트기 좋다. 우선 입을 열고 상대가 이러쿵저러쿵 불만을 터뜨릴 요소를 봉쇄

한다.

설령 전화를 못 받았어도 그 이유를 설명하면 오히려 신뢰가 쌓일 수 있다. '스마트폰을 놓으면 안 된다'고 스스로에게 부담을 지우지 말라.

지나친 감시 체제, 악덕 기업일 수도?

자주 연락이 올 때는 앞서 말한 방법을 우선 시도해볼 것을 권하지만, 너무 빈번하게 진행 보고를 요구한다면 분명 문제가 있는 상황이다.

솔직히 말해 강력한 감시체제를 가진 회사는 악덕 기업일 가능성이 높다.

2020년 봄, 일본에서는 코로나 확산을 막기 위해 외출 자제 등을 요청하는 긴급사태선언이 발령되었다. 그때는 모두 경황이 없었고 무엇이 정답인지 몰랐기 때문에 어쩔 수 없는 면도 있었다.

하지만 만약 지금까지 그런 회사가 있다면 위험하다고 생각해야 한다.

강력한 감시체제를 가지고 있는 회사는 직원들의 심리적 안전성을 훼손한다. '이곳에서 안전하게 일하고 있다'라는 안심감을 빼앗는 것이다. 일방적으로 일거수일투족을 계속 감시당한다면 원래 있어야 할 신뢰 관계는 파탄 난 상황이다. 스트레스는 최고치에 달한다. 당연히 업무 수행 능력도 떨어진다.

유명한 심리 실험 중 이런 것이 있다. 손을 노출시킨 상태로 타자를 치는 그룹과 손을 가린 상태로 타자를 치는 그룹으로 나누어 어느 쪽이 더 오타를 많이 내는지 비교한 실험이다.

그 결과 손을 노출시킨 채 타자를 친 그룹이 오타를 더 많이 냈다.

지나친 감시는 업무 수행 능력을 떨어뜨린다는 것을 알 수 있다. 이 사실을 깨닫지 못하는 기업은 매우 위험하다.

성과를 내는 것이 일의 본래 목적인데, 그 부분을 중시하지 않고서 한눈팔지 않고 오로지 일만 하는 모습을 과도하게 평가하는 시스템이 통용되고 있기 때문이다.

당연한 이야기지만, 한 시간에 한 번씩 진척을 보고한들 그 사이에 큰 변화도 없을 것이다. 성과를 내기 위해서는 다양하게 고민하고 정보를 수집하는 인풋(input) 과정이 필수적이다. 한 시간 지났는데 아무것도 바뀌지 않았다

고 호통을 듣는다면 '인풋 과정=아무것도 하지 않는 시간'
이라는 사고방식을 가지고 있다는 뜻이다.

머릿속에서 전략을 짜며 일하고 있음에도 불구하고, 머
리로 생각하는 것을 일로 간주하지 않는 회사는 위험하다.

보수적인 회사도 위험하다

산업카운슬러는 직원과 회사를 포괄적으로 관찰하는 입장에 있기 때문에 "어떤 곳이 악덕 기업이라고 생각하십니까?"라는 질문을 받곤 한다.

계속 같은 회사를 다니다 보면 이제까지 겪어온 일이 당연하게 느껴져 악덕 기업이어도 눈치채지 못할 수 있다. 그러다가 자기도 모르는 새 정신적으로 위기에 놓이기도 한다.

나의 경험을 바탕으로 지나친 감시체제 이외에도 악덕 기업의 특징이라고 할 수 있는 것들을 이야기해보겠다.

우선, 보수적인 곳은 위험하다.

예를 들면 이런 곳이다.

코로나가 유행하고 있으니 사무실에서 일할 때는 창문

을 열어 환기하자는 제안이 나왔다. 그랬더니 이런 말들이 돌아온다.

"무슨 소리예요, 창문을 열면 바람이 불어서 종이가 날아가잖아요."

"정기적으로 열어야 한다면 일단 사장님 허가를 받아야 합니다."

결국, 아무것도 바뀌지 않았다.

이런 회사는 산업카운슬러가 직원들을 위해 어떻게 하는 것이 좋은지 말해도 전혀 수용하지 않는다. 반응을 살펴보아도 아무것도 전해지지 않았음이 느껴진다.

요즘에는 정신건강 문제에 주의를 기울이는 것이 사회의 흐름이지만, 여전히 개인의 노력이나 근성 문제로 치부하는 사람도 많다.

사풍이 그런 회사에서는 부하직원이 정신적인 문제로 상사에게 상담을 해도 "다 그런 거야", "그런 때도 있는 거야"라는 식으로 적당히 흘려듣고는 적절한 조치를 취하지 않는 경우가 많다. 상담해주는 상사 역시 그런 사풍 속에서 살아남았을 것이다.

"나는 그렇게 성공해왔어."

"아니, 그렇게 힘들 때부터가 성장 기회라니까."

그래서 이렇게 영문을 알 수 없는 '노력하면 된다'론을 펼치기도 한다.

정신적으로 힘들어하는 사람에 대한 이해가 없기에 산업카운슬러나 병원 등을 소개시켜주는 방법이 있다는 것도 모르고, 그 필요성조차 느끼지 못한다는 인상을 주는 회사다.

유연성과 상상력이 없는
회사도 위험하다

덧붙이자면 유연성이 없는 회사도 위험한 편이다. 산업카운슬러로서 정신적인 문제를 안고 있는 사람에 대해 보직 이동을 권해도 "너무 이기적인 것 아닌가요?"라는 한마디로 정리해버리는 회사도 있다.

물론 조직의 입장에서 이 사람 저 사람 모두 배치를 바꿀 수 없을 것이고, 그럴 의무도 없다. 산업카운슬러 역시 막무가내로 보직 이동을 제안하지 않는다. 기본적으로 한 번이다. 어떤 사람이 그 회사에서 근무하며 건강이 나빠졌을 때 원칙적으로 보직 이동은 한 번만 권하는 것이 산업카운슬러 사이에서는 일종의 규칙이다.

하지만 이조차 고려해보지 않으며 내심 '산업카운슬러는 어차피 그 사람 편을 들면서 아무 말이나 한다'라고 생각하면서 의료인에 대한 불신감을 갖는 회사도 적지 않다.

그런 회사는 상담을 받으라고 했다가 무슨 소리가 나올지 모른다는 노파심 때문에 정신적인 문제를 안고 있는 직원이 있어도 산업카운슬러에게 연결해주지 않는다.

개중에는 병으로 발전하면 이제 그만 잘 가라는 식으로 정리해버리는 조직조차 있다. 자신 역시 언제 건강이 나빠질지 모르고, 가족이나 가까운 사람이 언제 그런 상태가 될지도 모른다는 상상력이 없는 것이다.

특히 상사가 이런 타입이라면 보통 일이 아니다.

조금이라도 짚이는 구석이 있다면 산업카운슬러나 정신과 의사 등 제 3자의 입장에 있는 전문가의 힘을 빌려서 빠져나오는 것도 중요하다.

몸을 망가뜨리면서까지 회사에 남을 필요는 전혀 없다.

'나는 관리직에 안 맞나 봐'라고
생각할 필요 없다

Don't Think
Too Much

'나, 관리직이 안 맞나 봐'라는 생각

상사에게 감시당하는 것 같아 괴롭다는 고민이 있는 한편, 상사의 입장에서도 다양한 어려움이 있다. 재택근무가 보급되면서 많아진 상담 내용 중 하나가 부하직원을 관리하기가 더 까다로워졌다는 고민이다.

특히 정신적인 면을 살피기 어렵다고 한다.

얼굴이 안 보여서 분위기가 어떤지 알 수 없으니까 일을 줄 때도 '너무 부담을 주는 것 아닐까?', '힘들어하는 팀원이 있는 것 아닐까?' 같은 것들이 신경 쓰인다. 그렇다고 달리 어떻게 해야 좋을지 몰라서 결국 자신은 관리직에 맞지 않는다고 생각해버리는 사람도 있다.

그렇게 생각하지 말자고 하면 이상하게 들릴까? 그래도 내 능력이 부족한 탓이라는 사고방식은 버려도 좋다.

그렇다면 부하직원이 정신적으로 힘들어하고 있다는 신호를 잡아내기 위해서는 어떤 점에 주의해야 할까?

스트레스를 받을 때 나타나는 변화는 세 단계로 설명할 수 있다.

【단계❶ 신체적 변화】두통, 이명, 심박수 증가 등

【단계❷ 행동 변화】지각이 잦다, 실수가 많다, 옷매무새가 흐트러져 있다 등

【단계❸ 정신적 변화】불안감이 강해진다, 초조하다, 기분이 가라앉는다 등

재택근무 중 화면 너머로 ❶을 알아차리기는 대단히 어렵다. 감추려고 마음먹으면 얼마든지 감출 수 있어 발견하기 쉽지 않다.

그러니 ❷에서 눈치채면 합격이다. 상사로서 꼭 알아차려주길 바라는 필수 항목이지만, 평범하게 출근하는 상황이 아닌 요즘, 화상회의를 통해서 발견하기는 어려울 것이다.

이제까지는 매일 같은 넥타이를 하고 온다거나 마스크로 표정을 감추는 등의 변화를 보고 간단히 알아차릴 수 있었다. 하지만 지금같이 겉모습을 살펴볼 수 없는 경우에는 업무 퀄리티에 눈을 돌려 성과가 떨어지지 않았는지 살펴보는 것도 좋다.

❸은 이미 위험한 상태이므로 가능하면 ❷단계, 혹은 ❸단계 초기에 발견하는 것이 바람직하다.

또 달라진 모습을 알아차리기 위해서는 평소 모습을 잘 알아둘 필요가 있다. 원래 실수가 잦은 사람인지, 아니었는데 갑자기 실수가 늘었는지, 이에 따라 이야기가 달라질 것이다.

코로나 시대인 지금은 이제까지 이상으로 팀원들의 평소 상태를 잘 알아두어야 한다.

일정에 일대일 잡담 시간을 넣는다

그러기 위해 잡담 시간을 스케줄에 넣는 방법을 추천한다. 허심탄회하게 이야기할 수 있는 시간을 15분 정도 마련해 본다. 짬이 나면 하는 것이 아니라 제대로 시간을 내서 잡담을 나누는 것이다.

그런 시간이 있으면 일반적인 회의에서는 여유가 없어 눈치채지 못했던 부분도 표정이나 분위기를 제대로 관찰하면서 알아차리기 쉬워진다. 부하직원의 입장에서도 '곧 잡담 시간이 있으니까 그때 살짝 말을 꺼내볼까' 하며 SOS를 보낼 찬스로 삼을 수 있다.

사무실에 있었으면 가볍게 털어놓았을 일도 요즘 같은 상황에서는 굳이 연락해서 상담해야 하니 미안하다는 생각에 미루고 있을지도 모른다.

잡담 시간 설정은 의외로 효과가 좋은 방법이다.

그리고 이야기해본 결과 위험하다고 느꼈다면 "한번 산업카운슬러한테 물어볼까?"라고 동의를 구한 뒤 전문가를 연결해주길 바란다.

눈치 퇴근 때문에
힘들어하고 있는 사람에게

Don't Think
Too Much

'먼저 퇴근하면 눈치 없어 보이나?'라는 생각

독자 여러분도 내 일은 다 끝났는데 상사가 아직 남아 있어서 어쩐지 자리를 뜨기 힘들었던 적이 있을 것이다. 자주 듣는 사례다.

"껄끄러우니까 상사가 화장실 간 틈에 퇴근합니다."
"일하는 척하면서 상사가 퇴근하길 기다립니다."
"누군가 돌아가려고 할 때 함께 자리에서 일어납니다."

이렇게 다들 상당히 신경을 곤두세우고 있다.

혼자 먼저 돌아가면 "저 사람은 의욕이 없군", "다들 아직 일하는데" 같은 시선이 꽂힐 것 같으니 차라리 다른 사람과 맞추는 편이 속 편한 사람도 있을 것이다.

사실은 저런 일로 안절부절하고 싶지 않은데 말이다.

애초에 상사보다 먼저 퇴근하는 것이 나쁜 일도 아니다. 최근에는 특히 적정 노동 시간을 지킬 것이 권장되고 있다. 자기 일이 끝났다면 주위의 시선을 신경 쓰지 말고 당당하게 집에 돌아가도 괜찮다.

시간이라는 자산을 소중히!

귀가가 빨라지면 강의도 들을 수 있고, 천천히 식사도 즐길 수 있고, 가족과 함께 보낼 수도 있는 시간이 생긴다.

시간은 생명 그 자체라고 할 수 있을 만큼 소중하다. 만약 앞으로 하루밖에 더 살 수 없다면 상사와 어울리느라 무의미한 야근 같은 것은 결코 하지 않을 것이다.

지금은 아직 끝이 보이지 않으니까 그토록 소중한 시간을 낭비하고 말 때가 있다. 특히 젊은 사람들은 시간의 소중함을 의식하기 어려울지도 모른다.

하지만 한번 생각해보라.

재빨리 귀가해서 여유 시간이 생긴다면 부업도 할 수 있다. 물론 회사에 따라서는 부업을 금지하는 곳도 있지만, 해도 괜찮다면 시간이 돈으로 바뀌는 셈이다.

저녁 동안 심신을 가다듬을 수 있어 다음 날 업무 성과도 오른다. 아무리 생각해도 장점뿐이다.

예를 들어 일주일에 하루 이틀은 야근하지 않는 날로 정하는 것도 한 방법이다. '이 사람은 어떤 요일에는 야근을 하지 않는다'는 이미지를 주위에 각인시키는 것이다.

공공연히 밝혀두면 그만큼 자리에서 일어나기 쉽다. 정나오기 불편한 분위기라면 "도와드릴 일이 더 있을까요?" 하고 물어본 후 퇴근하는 것도 좋다.

요즘에는 근무 시간이 일정하지 않은 독자도 있을 텐데, 거래처의 연락에 어떻게 대응하면 좋을지 고민일 수 있다.

이런 경우에도 미리 밝히는 방법이 효과적이다. 예를 들어 메일 서명란에 '근무 시간 9~18시'라는 문구를 넣어두면 입으로 말하는 것보다 편하게 전달할 수 있다. 서명란을 읽는 사람에게는 어느 정도 효과를 기대할 수 있다. 주위를 신경 쓰느라 자기 시간을 희생하고 있는 독자라면 꼭 시도해보자.

화상회의에서 "무슨 일 있냐"는
말을 들었다

기운 안 좋아 보였나?'라는 생각

Don't Think
Too Much

화면 너머로는 서로의 상태가 잘 전해지지 않기 때문에 오해가 생기기도 한다. 그렇다고 일일이 신경 쓸 필요 없다. 미리 약간 손을 써놓으면 대부분 해결할 수 있는 문제다.

우선 주의할 것은 목소리와 표정이다. 이런 것들은 화면 너머로도 전달되는 중요한 정보다.

특히 처음 보는 상대와 화상회의를 할 경우에는 오가는 정보량이 현격히 적어진다. 서로 상대가 어떤 성격인지 모르는 와중에 나쁜 인상을 줄까 봐 걱정되면, 얼굴을 마주하는 것 이상으로 긴장할 수도 있다.

그런 만큼 전달할 수 있는 정보 하나하나를 신중하게 다룰 필요가 있다.

목소리 톤은 높은 편이 좋다.

음계로 말하면 도, 레가 아니라 솔, 라 정도다. 의도적으로 그 정도 높이의 목소리를 내면 생기 넘치는 인상을 줄 수 있다.

표정에 관해서는 뭐든 감정을 보이는 것이 중요하다.

미소를 기본으로 하면서, 놀랐으면 눈을 크게 뜨고, 좋지 않은 이야기를 할 때는 미간을 찌푸리는 등 확실한 반응을 보인다.

가끔 "정말요!"라고 화들짝 놀라며 화면에서 사라지는 사람도 있는데, 나는 오히려 호감을 느낀다. 몸짓이나 손짓 등으로 화면에 반응을 보이는 것은 괜찮다고 생각한다. 즉 표정뿐 아니라 몸도 사용해 감정을 나타내면 커뮤니케이션이 훨씬 원활해진다.

이때 감정을 잘 전달하기 위해 중요한 것이 조명이다.

화면이 어두우면 무표정한 사람으로 비칠 우려가 있으니, 천장 전등에 더해 탁상용 조명도 동원해서 얼굴을 밝혀보자.

어떻게 하면 외로움을
느끼지 않고 지낼 수 있을까?

Don't Think
Too Much

'나는 혼자야'라는 생각

재택근무와 거리두기로 인해 친구들과 만날 기회가 줄어들면서 외로움을 느끼는 사람들이 늘고 있다. 집에 혼자 있으면 이런저런 생각이 들지도 모른다.

'나는 혼자야.'

'친구가 없어.'

하지만 이런 생각은 되도록 멀리 보내자.

일단 이렇게 생각하기 시작하면 나는 내성적이라 친구가 없다는 등 스스로를 탓하는 방향으로 나아갈 가능성이 있어 기분이 한층 더 가라앉는다.

그렇다면 어떻게 해야 외로움을 느끼지 않고 지낼 수 있을까?

다음과 같은 네 가지 방법을 추천한다.

❶ 얼굴이 보이는 관계를 소중히 한다

첫 번째는 얼굴이 보이는 관계를 소중히 하는 것이다.

화상회의나 온라인 회식처럼 화면을 통해 다른 사람과 만날 때, 카메라는 반드시 켜놓자.

누군가의 얼굴을 보고 자기도 모르게 안심하기도 한다. 얼굴을 보며 관계를 맺는다는 것은 매우 중요하다. 설령 거북한 상대여도 그렇다.

왜냐하면 다른 사람들의 얼굴을 보고 '나는 사회적으로 이 사람들과 연결되어 있다'는 것을 느낄 수 있기 때문이다. 스스로는 의식하지 않아도 자연스럽게 그런 느낌을 가질 수 있는 환경에 참여하는 것이 중요하다.

❷ SNS를 활용한다

'친구가 없다'고 생각하는 것은 별로 바람직하지 못하다고 앞서 말하였다. 하지만 실제로 친구가 없어서 '역시 난 혼자야'라는 생각에 빠지는 경우도 있을지 모른다.

그렇다면 SNS를 활용해보자.

나는 종종 인스타그램 라이브를 열기도 하는데 그때마다 느끼는 것은 '나와 시청자'의 연결고리보다 '시청자 사이'의 연결고리가 의외로 더 강하다는 점이다. 시청자들끼리 이런저런 대화를 나누고, 그 결과 그 자리에서 작은 커뮤니티가 생겨난다. 그 속에서 자신의 존재를 확인하는 분도 있는 것 같다.

온라인에서는 서로 이름도 모른 채 친교를 맺기도 하니 관계는 물론 가볍다. 하지만 무엇이 되었든 같은 관심사를 화제로 즐겁게 떠들기만 해도 '나와 같은 마음인 사람이 있다'며 안심이 되기도 한다.

온라인을 입구 삼아 인간관계를 넓혀가는 것도 선택지 중 하나로 가지고 있으면 좋다.

❸ 환경음을 듣는다

재택근무 중 외로움을 느끼게 만드는 원인으로 회사가 모인 빌딩숲에서 들을 수 있는 환경음이 없다는 점도 거론된다.

이야기 소리, 전화하는 소리, 사람들이 오가는 발소리 같은 환경음은 바로 그곳에 사람이 많이 모여 있다는 증거가 된다. 그 때문에 환경음이 들리지 않으면 타인의 존재를 느낄 수 없고, 사회와 단절되어 있는 듯한 고독감에 휩싸인다. 가능하다면 환경음을 들을 수 있는 카페나 코워킹 스페이스 같은 곳에서 일을 해보자.

❹ 외로움을 느끼는 원인을 분석한다

'나는 혼자다', '고독하다'라고 느낄 때는 그 고독감을 얼버무리려 하지 말고 분석해보는 것도 중요하다. 예를 들어 재택근무를 하며 다른 사람과 대화할 기회가 줄어들어서 외로움을 느끼는 경우라면, 구체적으로 어떤 점이 싫다고 느끼는지 스스로 묻고 답해보자.

"사소한 이야기를 나눌 수 없어진 것이 싫은가?"

"상사에게 가볍게 고민을 말해볼 수 없는 점이 싫은가?"

자문자답하면 보이기 시작하는 게 있다.

그 결과 잡담할 기회가 줄어든 것이 싫다는 것을 깨달았다면 '친구와 자주 전화하자'처럼 대처법을 고민해본다. 대처법을 생각하다 보면 혼자서는 어떻게 할 수 없는 일도 나타날 수 있다. 그 부분은 더 이상 손대지 않아도 괜찮다. 할 수 없는 일은 할 수 없는 것이다. 어쩔 수 없다.

그보다는 내 힘으로 할 수 있는 일을 찾아 행동으로 옮기는 게 중요하다.

재택 근무 중 일상의 균형을 찾는 법

Don't Think
Too Much

'일찍 자고 일찍 일어나야 하는데'라는 생각

재택근무하느라 온종일 집에 있으면 남의 시선을 신경 쓸 필요 없으니까 생활 리듬이 흐트러지는 분이 많은 것 같다.

'화상회의가 시작하기 전에 일어나면 되겠지'라는 생각에 기상 시간도 그때그때 달라진다. 반대로 언제까지고 일할 수 있는 환경이니까 밤늦도록 일하기도 한다. 자기 관리의 어려움을 새삼 다시 느끼는 사람도 많을 것이다.

이런 경우 '일찍 자고 일찍 일어나서 생활 리듬을 되찾자'라고 생각하는 것이 일반적이지만, 사실 '일찍 잠들기'를 스스로에게 강요할 필요 없다.

네 개의 일정을 고정시킨다

정신의학적으로 말하면 일어나는 시간과 먹는 시간을 고정하는 것이 자기 관리의 기본이다.

'기상 시간+세 번의 식사 시간'이다.

이 네 개의 일정을 고정하면 시간을 의식하며 행동할 수 있다.

여기서 눈여겨볼 것은 자는 시간을 정해놓지 않았다는 점이다.

정해진 시간에 자겠다는 생각은 버려야 한다. 일정한 시간에 자겠다고 마음먹으면 침대를 볼 때 '파블로프의 개' 상태가 되기 때문이다.

잘 시간을 정하고 침대에 누우면
'침대=잠이 오지 않는 곳'이 된다

규칙적인 생활을 할 마음으로 설령 졸리지 않아도 11시가 되면 일단 침대에 눕는다 치자. 아직 잠이 올 리 없다. 그런 일이 계속되면 심리학 실험의 파블로프의 개처럼 '오늘은 잘 수 있을까?' 하고 반사적으로 생각하게 된다. '침대 = 잠이 오지 않는 곳'이라는 이미지가 생기고 마는 것이다.

그러니 자는 시간은 정해두지 않는다. 졸리면 자는 것이 대원칙이다. 그 원칙을 쉽게 지키기 위한 열쇠는 일어나는 시간을 고정하는 것이다.

매일 아침 정해진 시간에 일어나서 아침 햇살을 맞아보자. 눈에 태양 빛이 닿으면 15시간 정도 후에 수면을 촉진하는 호르몬, 멜라토닌이 분비되기 때문에 자연스럽게 잠들 수 있다.

교감신경에서 부교감신경으로
전환할 시간을 갖는다

이불 속에 들어가고 20~30분이 지났는데도 잠이 오지 않는다면 일단 일어난다. 그리고 따뜻한 우유를 마시거나 아로마 향을 맡으며 졸음이 찾아오길 기다린다.

이런 활동은 일을 할 때 사용하는 각성 모드인 교감신경이 휴식 모드인 부교감신경으로 바뀌는 작용을 돕는다.

오해하는 분들도 많지만, 교감신경과 부교감신경은 전기 스위치처럼 간단히 껐다 켤 수 있는 것이 아니다. 컴퓨터 전원을 꺼도 남은 열 때문에 한동안 뜨거운 것처럼, 밤이 되었다고 갑자기 부교감신경이 켜지는 것은 아니다. 일하고 있었을 때의 영향으로 머릿속은 아직 후끈후끈하다. 그래서 일을 끝내고 엄청나게 피곤한데도 좀처럼 잠을 잘 수 없는 이상한 상황이 벌어진다.

특히 지금 같은 때는 모드 전환을 위한 시간적 여유가 거의 없다. 예전 같았으면 회사에서 나온 후 흔들리는 전철 속에서 책을 읽거나 스마트폰으로 웹서핑을 하면서 서서히 부교감신경이 활성화되기를 기다릴 수 있었다.

하지만 이제는 그런 시간이 없는 경우가 많다.

그러니 욕조에 들어가거나 독서를 하는 등 휴식 모드를 불러올 수 있는 행동을 적극적으로 취하는 것이 중요하다.

근무환경에 대한
개인적 바람이 있는 경우

Don't Think Too Much

'이기적으로 보일까?'라는 생각

가끔 이런 상담을 받기도 한다. "저는 재택근무가 가능한 직종인데 회사의 다른 사람들은 대부분 그럴 수 없어서 저도 출근하는 게 좋겠다고 합니다. 저 혼자 재택근무 하고 싶다고 하면 이기적인 걸까요?"

회사 분위기에 맞추어서 자신의 마음을 억눌러야 할 때가 있다. 자기주장을 할 때와 다른 사람에게 협조해야 할 때의 균형을 어떻게 잡아야 좋을지 고민스러운 부분이다.

최적의 밸런스를 찾기 위해서는 우선 제안형으로 시작하는 것이 중요하다. 내 희망을 일방적으로 주장하는 것이 아니라 "이렇게 하면 회사에도 이런 이익이 있으니까 도입해보면 어떨까요?"라고 제안하는 것이다.

앞서 말한 재택근무를 예로 들면 이렇게 말할 수 있다.

"출근하는 사람의 수를 조금이라도 줄이면 회사에 코로나 집단 감염이 발생할 위험도 줄일 수 있습니다."

"유연한 근무 체제를 가지고 있는 회사라는 점을 외부에 어필할 수 있습니다."

물론 반드시 통하리라는 보장은 없으니 효과가 없다면 결과를 감내하는 수밖에 없다. 그렇다고 자기 마음을 억누른 채 '희망을 이야기하는 것=이기적'이라고 생각할 필요는 없다.

모 아니면 도라고 생각하지 말고, 상대의 반응에 따라 밀고 당기면서 착지점을 모색하는 것이 중요하다. 처음에는 대담하게 희망을 말하고, 상대의 반응을 헤아리며 "부분적으로 그렇게 하면 어떨까요? 시험 삼아 해보면 어떨까요?"처럼 타협점을 찾아가자.

여담이지만 직장 환경과 관련해 자기 희망을 말하지 못한 채 속 끓이는 대표적인 문제가 실내 온도다.

실내 온도를 어떻게 느끼는지는 개인차가 있고, 앉는 장소나 에어컨의 위치, 각자의 행동 습관에 따라서도 달라진다. 더운 사람에게는 덥고, 추운 사람에게는 추운 것이다. 모두 정답이니까 "이 방은 너무 춥네요"라고 느낀 대로 말하기만 해도 자기중심적으로 비칠 수 있다.

이럴 때도 '제안'을 하는 것이 중요하다.

"에어컨 바람이 바로 와서 추운데 팬 방향을 좀 바꾸어도 될까요?"

이렇게 말할 때 객관적인 데이터를 덧붙이면 더욱 설득
력 있다. 진심으로 시도해보겠다면 다섯 장소에서 관측해
보자. 사무실 네 모서리와 중앙에서 실온을 측정해 얼마나
차이가 나는지 데이터를 수집하는 것이다. 산업카운슬러
가 자주 이용하는 방법이다.

무기력, 월요병도 고치는 4가지 심리학

Don't Think
Too Much

'이욕을 되찾자'라는 생각

의욕이 나지 않을 때, 의욕을 되찾아야 한다고 생각한 적이 있을 것이다.

하지만 유감스럽게도 의욕이란 생각만으로 되찾아올 수 있는 것이 아니다. 의욕을 찾자고 생각할 필요도 없고, 생각해도 그다지 의미가 없다.

반대로 말해 의욕이 없다는 것은 아직 전력을 다해야 할 기한이 닥쳐오지 않았다는 의미 아닐까?

우리에게는 '마감 효과'라는 것이 작용한다. 마감이 있으면 힘을 더 낼 수 있고 자연스럽게 의욕이 생겨나기도 한다. 초등학생 때, 여름방학 마지막 날 숙제를 몽땅 몰아서 끝내버린 기억이 있을 것이다. 그것이 바로 마감 효과다. 여름방학 끝, 내일부터 2학기라는 마감이 닥쳐왔기 때문에 의욕이 생겨난 것이다.

이것을 거꾸로 이용해보자.

'의욕을 내야지'라고 머릿속에서 끙끙 앓지 말고 어떤 '행동'을 취하면 좋을지 고민해서 스스로 자신의 등을 미는 것이다.

타이머를 설정해서 마감을 의식한다

행동을 통해 의욕 버튼을 누르는 첫 번째 방법은 지금 말한 마감 효과를 이용하는 것이다.

구체적으로 말해 타이머를 설정하면 효과적이다.

예를 들어 작업 하나를 끝내는 기준으로 점심시간, 60분 후, 퇴근 시간 등을 나만의 마감으로 설정하는 것이다.

회사에 있는데도 의욕이 나지 않는 사람은 물론이고, 재택근무를 하고 있는 분에게 특히 이 방법을 추천한다.

회사에서 일하고 있으면 막차 시간이나 휴식 시간처럼 정해진 시간이 있어 '몇 시까지는 ○○를 끝내자'고 자신을 채찍질할 수 있다. 하지만 재택근무에는 그런 것이 없다. 그러니 그때그때 타이머를 설정해서 이만큼 하면 끝이라는 인식을 만들어내자.

이 방법은 의욕이 없는 사람뿐 아니라 과로하는 경향이 있는 사람도 한번 시도해볼 가치가 있다.

놀랍게도 '나는 얼마든지 일할 수 있어'라고 생각하는 사람도 있다. 하지만 누구든 계속 일하면 집중력이 떨어진다. 업무 능력을 향상시키기 위해서라도 타이머를 설정해서 의식적으로 휴식 시간을 갖도록 하자.

복장을 바꾸면 마음가짐도 바뀐다

두 번째 방법은 옷을 갈아입음으로써 자신이 속해 있는 장면을 바꾸고, 마음가짐도 함께 쇄신하는 방법이다.

재택근무를 하다 보면 출근하던 때와 비교해 옷차림이 허술해지는 경우가 많다. '회의가 없으니까 실내복 차림으로 괜찮겠지?'라는 생각으로 휴일과 같은 옷을 입고 일하는 사람도 있을지 모른다.

하지만 그런 생활방식으로는 스위치가 바뀌기 어렵다.

정장을 입으라고는 하지 않겠지만, 그대로 회사에 가도 허용될 만한 복장을 입는 편이 좋다. 이야기를 나누었던 사례 중에는 집에서 일부러 실내화를 신는다는 분도 있었다. 신발을 신으면 회사에 있는 자신이고, 벗으면 가족과 함께 있는 자신이 된다고 한다.

작업흥분을 불러일으키자

세 번째 방법은 무조건 시작해보는 것이다. 의욕이 하나도 없었는데 일단 시작해보니까 의욕이 따라왔던 경험이 있지 않은가?

그런 것을 '작업흥분'이라고 한다. 일단 시작했더니 점점 의욕이 붙는 현상이다. 스타트 선을 끊을 때는 간단한 일이 좋다. 메일 답장 쓰기나 사무 업무 같은 일부터 착수해보자.

'시간 선호율'을 역으로 이용!
눈앞에 선물을 준비해두자

마지막으로 추천하는 방법은 '시간 선호율'을 역으로 이용하기다. 사람에게는 미래의 이득을 저평가하는 경향이 있는데, 이것을 시간 선호율이라고 한다.

이와 관련된 유명한 실험이 있다.

어린이 앞에 마시멜로를 하나 두고 "15분 동안 먹지 않고 참으면 하나 더 줄게"라고 말한 다음 방을 나갔다가 15분 후에 돌아온다. 같은 실험을 여러 어린이에게 실시했다.

그 결과 참지 못하고 마시멜로를 먹어버린 어린이의 비율은 3분의 2에 이르렀다. 15분 참으면 더 큰 이득을 얻을 수 있는데도 할 수 없었던 것이다. 사람은 그렇게 되어 있다. 그러니 의욕이 없을 때는 사람의 본성을 역으로 이용한다.

우리에게는 해야 할 일이 있고, 그 일을 하는 것이 스스로에게 좋다. 월급도 받을 수 있고, 업무 기술도 익힐 수 있고, 사회적인 신용을 높일 수도 있다. 하지만 시간 선호율이 작용해서 그런 앞으로의 이득을 과소평가하기 때문에 끝까지 해낼 수 없다. 그러면서 눈앞의 선물에는 달려드는 성질이 있다.

이것을 역이용해 바로 기분이 좋아지는 선물을 준비해두면 행동을 유발하는 스위치로 삼을 수 있다.

☐   컴퓨터 전원을 켜면 커피를 한 잔 마신다.
☐   기획서를 다 쓰면 간식을 하나 먹는다.

의욕이 없을 때뿐만 아니라 회사에 가고 싶지 않을 때도 추천하는 방법이다.

예를 들어 월요일이 가장 힘들다면 월요일 아침은 회사 근처에서 호화롭게 먹는다. 아니면 출근 도중 카페에 들러 좋아하는 잡지를 읽어도 좋다.

이런 일을 미리 준비해두면 발걸음을 떼기 수월해진다.

CHAPTER
3

일에 관해
생각하지 않아도 좋은 것

성취감은 반드시 느껴야 하는 것일까?

Don't Think
Too Much

'성취감을 느낄 수 없어'라는 생각

업무 환경이 변하면서 '이것이 정말 내가 하고 싶은 일일까?'라고 느끼는 사람도 있을지 모른다.

하지만 성취감은 반드시 느껴야 하는 것일까?

일을 하며 고통스럽다면 다른 직업을 찾아야 한다.

하지만 '성취감이 없다'는 이유로 직업을 바꿀 것까지는 없다는 것이 솔직한 심정이다.

일반적으로 성취감을 느끼며 열심히 일해서 반짝반짝 빛나는 사람을 이상적으로 여기는 경향이 있다. 그래서 모두 그렇게 되려 하고, 그것만 보고 달리는 것 같다. 하지만 월급을 받고, 살 집이 있고, 먹고사는 데 곤란하지 않다면 그것으로 충분하지 않을까?

'성취감이 없다'며 고민하는 분들의 이야기를 자세히 들어보면 지금 하고 있는 일이 원래 하고 싶었던 일이 아닌 경우가 있다. 성취감이 없는 것도 당연하다. 성취하고 싶은 일도 아닌데 성취감을 느끼기는 어렵기 때문이다.

그래서 "그럼 어떤 일을 하면 성취감을 느끼실 것 같나요?" 하고 물어보면 입을 다물어버리는 분이 많다.

어떤 일을 하면 동기 부여가 되는지 스스로도 잘 모르면서 그것을 얻으려고 고민하고 있는 것이다.

"선생님은 좋으시겠어요. 정신과 의사라는 특별한 일을 하고 계시니까요. 하고 싶은 일을 하니까 보람도 느끼시죠?"

이런 말을 듣기도 한다.

맞는 말이다. 의사가 되고 싶어서 고등학생 때 맹렬히 공부했고 재수도 두 번이나 했으니 나는 가고 싶은 길을 가고 있는 사람이다.

성취감을 느끼기 쉬운 위치에 있다고 할 수 있다.

그렇다고 지금 하고 있는 일에서 엄청난 성취감을 얻고 있느냐 하면 그렇다고 딱 잘라 말하기 어렵다. 그저 눈앞에 있는 일을 해치우고 있다고 느낄 때도 있다.

성취감은 장벽을 뛰어넘었을 때
찾아온다

성취감은 무엇일까? 나는 '하고 싶은 일을 하고 있을 때 나타나는 장벽을 뛰어넘으면 얻을 수 있는 달성감'이라고 생각한다.

우선 하고 싶은 일을 하고 있다는 감각이 없으면 성취감을 느끼게 해줄 장벽은 나타나지 않는다.

애초에 진정으로 성취감을 느끼며 일하고 있는 사람은 소수다. 그렇지 않다면 아침 출퇴근 전철 속에서 다들 그런 무뚝뚝한 표정을 하고 있지 않을 것이다.

그래도 성취감을 느끼지 못하는 인생은 시시하다고 생각하는 분도 있을 것이다. 그렇다면 꼭 일에서 성취감을 찾아야겠다고 고집하지 말고, 개인 생활 속에서 하고 싶은 일을 하나씩 해나가면 어떨까?

그것이 일에 대한 성취감으로 연결될 수 있다.

예를 들어 사적인 생활 속에서 하고 싶은 걸 하려고 할 때 방해되는 지점이 있을 것이다. 대부분의 경우 바로 회사 업무다. "저녁 7시까지 영화를 보러 가야 하는데 일이 안 끝나!" 같은 경우다.

이 장벽을 뛰어넘어 7시에 영화를 볼 수 있었을 때, 성취감을 느낄 수 있지 않을까? 그것으로 충분하다.

일과 인생의 합격선은 '60점'

Don't Think
Too Much

'나는 점만 돼' 라는 생각

마음속으로 그려왔던 것처럼 일을 척척 해내지 못하고 주위에 피해만 주는 것 같을 땐 마음이 괴롭다. 이상으로 삼았던 100점짜리 자신이 되지 못했다고 낙담할 수도 있다.

하지만 '나는 짐이 된다'고 생각하며 스스로를 몰아세우지 말라. 인생은 '60점'을 지향하면 OK이니까.

이상적인 나에 가까워지기 위해 목표를 높이 내걸고 노력하는 건 물론 훌륭하다. 하지만 만약 언제나 100점만 지향한다면 어떻게 될까?

'100점이 아니면 만족할 수 없는 나', '99점조차 용납할 수 없는 나'가 만들어진다.

이는 일말의 여유도 없이 공기가 빵빵하게 차 있는 풍선 같은 상태다. 언젠가 사소한 계기로 터지고 말 것이다.

한편 60점을 합격선으로 설정하면 어떨까?

실패할 것을 전제하고 있기에 실수해도 받아들일 수 있다. 나머지 40점만큼 마음에 여유가 생기는 것이다.

사람들은 서로 기대어 살며
공존한다

100점을 지향하며 노력하고 있지만 그 때문에 괴로워하는 분에게 저렇게 이야기했을 때 돌아온 대답이다.

"60점을 합격선으로 설정하면 자기는 편할지 모르지만, 결국 주위에 피해를 주게 되잖아요. 언제나 한계까지 노력하면서 100점을 맞으려고 하는 사람에게 그 피해가 돌아가게 되는 거예요. 모두 100점을 맞으려고 노력해야 그런 일이 안 생기죠."

일리 있는 말이다.

하지만 사람에 따라 100점의 기준은 다를 수 있다.

이 세상에 나와 완전히 같은 환경에서 같은 일을 하는 사람은 한 명도 없다. 다른 사람과 나를 비교하며 점수를 내어 본들 정확히 비교할 수 없다. 그러니 올바른 점수도 아닌 셈이다.

스스로는 60점이라고 생각해도 다른 사람의 눈에는 90점으로 비칠 수 있고, 반대로 90점이라고 생각했는데 30점이라고 여겨질 때도 있다.

성과를 어떻게 느끼는지는 천차만별이다.

'나는 언제나 100점을 맞기 위해 노력하고 있는데 저 사람은 60점짜리 일만 하고 있어'라고 분개해봤자 끝도 없고 정답도 없다.

결국 인간이란 서로가 서로에게 기대고 의지하며 공존하는 동물이다. 실패하지 않는 사람은 없고, 누군가에게 피해를 주지 않는 사람도 없다. 그러니 현대의 노동자에게 필요한 것은 마음의 여유 아닐까?

40점만큼의 여유가 있다면 자신이 실패했을 때는 물론이고 다른 사람이 실수를 했을 때도 그럴 수 있다며 받아들일 수 있다.

그런 세상이 되기를 바란다.

실패를 부끄럽게 여기는 사람,
그렇지 않은 사람의 특징

Don't Think
Too Much

'실패하면 창피하다'라는 생각

실패하는 것은 부끄럽다고 생각하는 사람이 많다. 하지만 설령 실패했다고 해도 그 경험은 반드시 어딘가에서 살릴 수 있다.

나는 실패가 두려워서 주저하는 내담자에게 자신이 하고 싶은 일은 꼭 해보기를 권한다.

그런데 애초에 왜 실패하면 부끄럽다는 생각이 드는 것일까? 세상에는 실패를 두려워하지 않고 도전하는 사람도 있다. 실패를 부끄럽게 느끼는 사람, 그렇지 않은 사람의 차이는 무엇일까?

자기긍정감이 높은 사람은 실패를
부끄러워하지 않는다

그 답을 쥐고 있는 것은 '자기긍정감'이다. '자기긍정감'이란 '나는 나로서 괜찮다'고 생각할 수 있는 감각이다.

가끔 '자기긍정감이 높은 사람 = 성공한 자신을 높게 평가하는 사람', 즉 '스스로를 대단하다고 생각하는 사람'이라고 보는 경우도 있는데 그것과는 다르다.

자기긍정감이 높은 사람은 성공한 때만이 아닌 실패했을 때도 '이것이 나'라고 받아들일 수 있다.

어떤 나도 있는 그대로 받아들일 힘을 가지고 있는 사람이야말로 자기긍정감이 높은 사람이다.

【자기긍정감이 높은 사람의 특징】

☐ 　　낙관적이다

☐ 　　자신의 약점을 안다

☐ 　　실패할 것을 염두에 두고 사태를 파악한다

☐ 　　제대로 의견을 말할 수 있다

☐ 　　할 수 없을 때는 할 수 없다고 한다

☐ 　　타인을 의지할 수 있다

【자기긍정감이 낮은 사람의 특징】

☐ 　　'나는 뭘 해도 안 돼'라고 생각한다

☐ 　　주위 사람들이 자신을 싫어한다고 느낀다

☐ 　　칭찬받아도 있는 그대로 받아들일 수 없다

☐ 　　자존심이 높다

☐ 　　약점을 보이지 않는다

☐ 　　타인을 의지하지 못한다

　　자기긍정감이 높은 사람은 어떠한 나도 있는 그대로 받아들일 수 있으므로 좋지 못한 부분을 인정할 수도 있고, 타인에게 휩쓸리지 않고 자신의 마음가짐에 따라 행동할 수 있다.

한편 자기긍정감이 낮은 사람은 자기에 관해 부정적이기 때문에 주위에서 칭찬을 받아도 자신의 장점을 받아들일 수 없다.

'나는 뭘 해도 안 된다고 생각하는 것'과 '자존심이 높은 것'은 양립할 수 없어 보이지만, 사실 같은 뿌리에서 나온 감정이다.

자기긍정감이 낮은 사람은 근본적으로 '나는 안 돼'라고 생각하면서도 어떤 부분이 구체적으로 안 되는지 정확히 파악하지 못한 상태다. 안 된다고 이미 정해버렸기에 분석이 이루어지지 않은 것이다.

그 때문에 실제로 약점을 들이대면 인정하지 못한다. 당연하다. '나는 아무것도 못 하는 사람이지만 무엇을 못 하는지는 모릅니다'라는 상태로 외면하기 십상이다.

약점에 직면해도 남에게 드러내지 않고 누군가를 의지하지도 않는다. 그 때문에 자존심이 높은 사람으로 보인다.

그렇다면 자기긍정감은 어떻게 높일 수 있을까?

그 해답은 '도전하기'에 있다.

도전을 해보면 의외로 잘 풀리기도 하고, 실패해도 나

는 이런 식으로 실패하는구나 하는 깨달음을 얻기도 한다. 그런 경험을 쌓아가면서 '나는 뭘 해도 안 돼'라는 생각의 근본이 무너지고 자기긍정감 향상으로 이어지게 된다.

성과가 안 보일 때도
'자기유용감'을 높이는 열쇠

Don't Think
Too Much

'나는 아무 도움이 안 돼'라는 생각

세상에는 성과가 눈에 보이는 일과 잘 보이지 않는 일이
있다.

예를 들어 나는 잘 보이는 일을 하는 편에 속한다. 새파
랗게 질린 얼굴로 상담을 받으러 왔던 환자가 조금씩 생기
를 회복하며 웃게 되고, 이윽고 더 이상 찾아오지 않는다.
성과라고 하면 주제넘을지도 모르지만 환자를 직접 만나
는 만큼 결과를 바로 느낄 수 있다.

한편 결과를 바로 느낄 수 없는 일은 성과가 눈에 잘 보
이지 않는 경향이 있다. 그 때문에 자기가 하고 있는 일이
세상에 어떤 도움을 주는지 실감하기 어려울 수도 있다.

하지만 지금 하는 노력은 반드시 어딘가로 이어진다.

보수를 받는다는 것은 어떤 사람을 행복하게 하고 있다
는 의미임을 기억하자.

누군가에게 웃음을 주지 않는 일이란 없다.

일기를 쓰면 자기유용감이 높아진다

그런데도 '나는 아무한테도 도움이 안 된다'라고 생각이 드는 사람들에게 나는 일기 쓰기를 권한다.

방법은 간단하다.

❶ 오늘 만난 사람들 중 기억에 남는 이를 떠올린다.
❷ 나와 만났기 때문에 그 사람에게 일어난 긍정적인 일이 무엇인지 상대의 시점에서 일기를 쓴다.

예를 들어 오늘 당신(=A)이 복사기에 종이를 보충해서 동료(=B)가 고마워했다고 치자. 이 경우에는 이렇게 쓸 수 있다.

"빨리 나가봐야 하는데 복사기에 종이가 없어서 허둥거리고 있었더니 A가 보충해줬다. 그 덕에 바로 기획서를 프린트해서 고객사에 늦지 않게 전달할 수 있었다."

내가 아니라 상대의 입장에서 쓰는 것이 중요하다.

그러면 '아, 내가 그 사람에게 도움이 되었구나'를 깨달을 수 있어 '자기유용감'이 높아진다.

자기유용감이란 '내가 누군가에게 도움이 된다'는 긍정적인 감각을 의미한다. 자기긍정감과 이름이 비슷하지만, 자기긍정감이 완전히 자기 자신의 문제인 데 반해 자기유용감은 타인과의 관계 속에서 발생한다. 비슷하면서 다르다.

자기유용감을 어떻게 해석할지는 전문가 사이에서도 견해가 나뉘는 부분이라 단정 짓기 어렵지만 나는 그렇게 파악하고 있다.

가장 좋은 것은 자기긍정감과 자기유용감이 모두 높은 상태. 부족한 나를 있는 그대로 받아들이면서 다른 사람에게 도움을 줄 수 있다고 느끼는 상태다.

그러나 자기유용감이 높은 것이 꼭 좋지만은 않다.

근본적인 자기유용감 부족이 반대로 나타나고 있는 건

지도 모르기 때문이다. 무슨 의미인가 하면, 근본적인 부분에서 타인에게 도움이 되고 있다는 느낌을 갖지 못함에도 (=자기유용감이 낮음) 별것 아닌 부분에 만족하고서 과대 포장하는 것에 불과할 수 있다는 점이다.

심한 참견을 하고서 상대방의 감사를 요구한다.
부탁받은 일을 거절하지 못한다.
이른바 나쁜 남자에게 빠진다.

위 예는 모두 사소한 자기유용감을 긁어모아서 그에 의존하고 마는 예다.

그 결과 남에게 먼저 도움이 되어야 한다는 생각에 자기 자신을 소홀히 대하는 불건전한 상태에 빠지게 된다. 덧붙이자면 그런 사람은 타인에게 민감한, 무척 예민한 사람인 경우가 많다.

근본적이고 건전한 자기유용감을 키우는 것이 중요하다. 그러기 위해 앞서 말했듯 '상대의 시선에서 일기 쓰기'라는 방법을 꼭 한번 실천해보길 바란다.

"자기계발에 노력하는 주변 사람을
보면 초조해요"

Don't Think
Too Much

'자기계발을 해야 하는데'라는 생각

'나를 위한 투자'라는 말처럼, 어학 공부를 하고 자격증을 따고 인맥을 넓히기 위해 분발하는 것을 긍정적으로 생각하는 사람이 많을 것이다.

물론 본인이 정말 그런 일에 흥미가 있어서 노력하고 싶다면 전혀 문제없다. 하지만 내가 보기에는 '자기계발은 마땅하다'라는 압력에 휩쓸리고 있는 사람도 많은 것 같다.

내향적인 타입이면서 인맥을 넓히겠다고 밖으로 도는 사람을 보면 그렇게 무리할 필요 없다고 말해주고 싶다. 사람마다 성향이 다르다. 사교적인 사람이 있는가 하면 내향적인 사람도 있다.

그런데도 '인맥을 넓히는 일은 나를 위한 투자'라는 분위기에 휩쓸려 자기 성향과는 정반대인 일을 필사적으로 하는 사람을 보면 등을 도닥여주고 싶다.

유감스럽지만 산업카운슬러와 이야기할 때조차 긴장해서 땀을 흘리는 사람이 인맥을 쭉쭉 넓힐 수 있으리라고는 생각할 수 없다.

인생에서 가장 경험치가 높은 날은 '오늘'

경험은 세월을 거듭하며 쌓인다. 이제까지 경험해온 슬픈 일, 힘든 일, 즐거운 일이 모두 내 안에 살아 숨 쉬고 있다.

성장은 매일, 반드시 이루어지고 있다.

오늘은 살아온 날 중에서 가장 경험치가 높은 날이다.

그렇게 생각하면 자기계발이라는 명목으로 사실은 흥미 없는 일에 시간과 노력을 쓸 필요는 없지 않을까?

다른 사람들이 모두 자기계발을 하고 있다고 해서 따라 하지 않아도 된다.

내 시간은 나를 위해 쓰도록 하자.

금발 파마머리에 빨간 안경,
시선에 신경 쓰지 않아도 되는 이유

Don't Think
Too Much

'이런 일을 하면 너무 눈에 띌까?'라는 생각

사실은 해보고 싶은 일이 있으면서 마음속으로 제동 장치를 거는 사람이 있다.

'내 평소 모습이랑 달라.'

'다른 사람들이 이상하게 생각할 것 같아.'

'너무 튀는 것 아닐까?'

하지만 하고 싶은 일이 있다면 해보는 게 좋다.

나의 이야기다. 나는 3년 전부터 금발 파마머리 가발을 쓰고 빨간 뿔테 안경을 착용한 모습으로 인스타그램 라이브를 하거나 미디어에 출연하고 있다.

정신과의 이미지를 바꾸고 싶기 때문이다.

일반적으로 정신과는 무서운 곳이라는 인식이 강하고 "감옥 같은 병원 맞지?", "미드에서 보니까 발에 족쇄를 차고 있던데?"라는 식으로 자주 입에 오르내린다.

실제로는 내과와 다를 것 없다. 오히려 긴장을 풀어주기 위해 꽃이나 장식품을 장식한 곳이 많아서 더 깔끔한 경우도 있다. 다만 착란을 일으킨 환자를 치료하는 입원 시설이 있는 곳은 위험한 물건을 둘 수 없어 삭막한 풍경이지만, 감옥 같은 느낌은 아니다.

만약 자신이나 가족이 정신적인 질병을 얻어 통원하게 되었을 때 주위에서 '정신과라고?! 어쩐지 무서운 데를 다니는구나……'라고 생각한다면 기분이 좋지 않을 것이다.

그래서 어떻게 해야 무섭다는 이미지에서 벗어날 수 있을지 고민했다. 그러다가 의사는 빈틈이 없고 완벽한 인간이라는 느낌이 강하니 반대로 빈틈투성이인 상태로 등장하면 어떨까 생각했다. 그래서 지금의 스타일에 이르게 되었다.

눈에 띄든 미움받든 상관없다

이런 활동을 시작하고 3년이 흘렀고, 나는 정신과 의사들에게 엄청나게 미움을 받고 있다. 정신과도 그렇지만 의학계 전체에서 미움받고 있을 정도로 무지막지하게 싫어한다.

"의학계에 대한 모독이다."

"아무리 그래도 그렇지 너무 까불거린다."

"너무 품위가 없다."

"정말 무슨 짓을 하는 거냐."

다양한 의견을 들었다.

의학이나 의료에 품격이 있다는 것은 맞는 말이다. 사람을 치료하는 행위는 숭고하다. 의학 특유의 높은 격식은 의료의 선구자들이 쌓아올린 선물이다.

그런데 내가 그 격식을 엄청나게 끌어내리고 있다. 그

에 대한 분노의 목소리를 다수 접했고, 목소리를 내지 않더라도 동의하는 동업자가 대다수일 것이라 생각한다.

하지만 나의 목적이 바로 그 격식을 끌어내리는 데 있다. 의사는 가까이하기 힘들다는 이미지를 불식시키고 싶었기 때문에, 질책하는 의견을 들으면 오히려 감사한 마음이 든다. '적지 않은 반향을 일으키고 있구나' 하고 말이다.

그러니까 이런 활동을 시작한 탓에 의학계에서 소외되거나 미움받아도 그다지 신경 쓰이지 않는다.

그 덕분에 미디어의 주목을 받아서 이렇게 여러분과 책을 통해 만날 기회도 얻었으니 좋은 시도였다고 진심으로 생각하고 있다.

여러분도 도전하고 싶은 일이 있다면 주위의 시선을 신경 쓰며 참지 말고, 부디 내 마음을 먼저 소중히 해주길 바란다.

컨디션이 나쁠 때 도움이 되는 생각

'쉬면 피해를 줄 거야'라는 생각

Don't Think
Too Much

꼭 쉬어야 하는 몸 상태인데도 쉬지 않는 분들이 적지 않다. '주위에 피해를 주면 미안하니까'라고 생각하기 때문이다. 하지만 이럴 때는 피차일반이라 생각해도 괜찮다. 누구든 몸이 안 좋을 때는 있으니, 지금 쉰다고 죄책감을 느낄 필요 없다. 무리하는 분에게 나는 이렇게 질문해본다.

"오늘부터 회사를 쉰다고 상상해보세요. 당신이 회사를 쉰 영향으로 내일 회사가 도산할 가능성이 얼마나 있나요?"

그러면 모두 "거의 없어요"라고 대답한다.

물론 회사를 쉴 수 없는 이유는 다양할 것이다. 나만 알고 있는 일이 있을 수도 있고, 오늘 중에 반드시 끝내야 하는 업무가 있을 수도 있다. 하지만 그것도 회사 전체로 보면 극히 작은 부분에 지나지 않는다.

그렇다면 내 건강까지 해치면서 일해야 할 이유는 없지 않을까?

나를 대신할 사람은 얼마든지 있다

이렇게 이야기했을 때 다음과 같은 반응이 돌아온 적도 있다.

"네, 제가 쉰다고 회사가 망하지는 않을 거예요. 하지만 그걸 인정하면 내 존재 가치가 정말 보잘것없다는 생각이 들어서 오히려 더 우울해요."

그럴 수도 있다.

그런데 컨디션이 좋지 않을 때는 업무 능력도 떨어지기 마련이다. 우선은 건강을 회복해서 평소 같은 컨디션을 되찾은 후에 회사를 위해 일하면 어떨까.

나는 예전에 읽은 책 속의 문구에 늘 용기를 얻곤 한다.

"나를 대신할 사람은 얼마든지 있으니까 망설이지 말고

도망가자."

산업카운슬러도 얼마든지 있고, 정신과 의사도 많이 있다. 나보다 우수한 의사 역시 산더미만큼 있을 테니 무슨 일이 있으면 얼마든지 회피하자고 생각한다.

무책임하게 환자를 떠넘기겠다는 뜻은 결코 아니다. 다른 의사에게 의지하는 것이다. 내 능력치가 떨어져 있는데 안이한 정의감으로 환자를 붙잡고 있지 말고, 서로에게 더 적절한 형태를 고르는 것이다.

다른 사람에게 피해를 주면 안 되니 쉴 수 없다고 생각할 필요 없다. 누구나 아플 때가 있는 법이니 나의 마음과 몸을 소중히 여기길 바란다.

불투명한 앞날을 살아가기가
막막한 당신에게

Don't Think
Too Much

앞으로 어떻게 될까?'라는 생각

지금은 앞날이 불투명한 시대다. '앞으로 어떻게 될까'라며 불안에 휩싸이는 사람도 많다.

얼마 전 이런 상담을 받았다.

"며칠 전에 다른 회사에서 오신 두 분과 미팅을 했는데, 둘 다 아이패드 프로를 쓰고 스마트워치를 차고 있더라고요. 저는 노트랑 볼펜이었는데. 시계도 아날로그고요. 새로운 시대에 저만 뒤처진 것 같아 불안해요……."

나는 "아무 문제도 없습니다"라고 대답해주었다.

핵심은 목적을 달성하는 것이다. 메모를 하려면 노트로 충분하고, 시간을 알고자 하는 목적이라면 아날로그 시계로 부족할 것이 없다.

먼저 나서서 변화에 적응하려고 노력하지 않아도, 그것이 주류가 되면 사람은 알아서 적응하기 마련이다. 피처폰을 파는 곳이 줄어들자 나이 드신 분들도 스마트폰을 쓰게된 것과 마찬가지다.

피처폰을 사는 것이 더 편하다면 굳이 바꾸려고 하지 않았을지도 모른다. 변화하기 위해서는 에너지가 필요하고, 또 힘도 들기 때문이다.

다른 기기들 역시 마찬가지다. 대다수가 그 물건을 쓰고 있으면 어쩔 수 없이 자연스럽게 적응하게 된다.

그렇다면 아직 선택지가 남아 있는 동안에는 억지로 에너지를 쏟아부을 필요 없다. '최신 기기를 쓰는 것'이 목적은 아니기 때문이다.

내 에너지는 내 목적을 최대한 실현시키기 위해 쓰는 것이 제일이다.

이렇게 말씀드렸더니 내담자 분도 수긍했다.

"맞아요. 너무 멀리 내다보며 불안해하지 말고, 지금 서 있는 곳을 보면 되는 거네요."

바로 그렇다.

너무 멀리 내다보면 정말 보이지 않는 것투성이라서 점점 더 불안해지기 마련이다.

오늘을 넘겨 보내면 내일은 알아서 온다

요즘처럼 상황이 시시각각 변하는 시대에는 그때그때를 무사히 넘기며 매일을 이어가겠다는 마음가짐으로 충분하다.

불안을 잠재우기 위해서는 지금만 생각하는 것이 제일 편하지만, 정말 눈앞만 볼 수는 없으니 일단 오늘 하루 정도를 생각하자. 그래도 전혀 문제없다.

오늘 하루를 잘 넘겨 보내면 내일은 알아서 찾아온다.

그 내일을 또 넘겨 보내면 다시 새로운 내일이 온다.

보이지 않는 앞날에 불안해하지 말고, 하루하루를 무사히 넘기는 것에 집중하자.

내 의견을 내는 게 두려워지지 않는 요령

Don't Think
Too Much

'상처받지 않을까?'라는 생각

다른 사람들의 의견은 A인데 나는 B라고 생각할 때가 있다.

'내 의견을 주장하면 애써 모인 결론이 깨질 거야.'

'이런 말을 하면 상처받을지도 몰라.'

이런 생각에 결국 아무 말도 하지 못하고서 소극적인 성격을 탓하며 침울해지기도 한다.

일반적으로 자기 의견을 주장하지 못하는 사람은 괜히 의견을 말했다가 미움을 받거나 이기적으로 비칠까 봐 두려워하는 경향이 있다. 마음속 깊은 곳에 '누군가의 의견을 부정하는 것은 그 사람 자체를 부정하는 것'이라는 생각이 잠재해 있다.

하지만 상대가 주장하는 것과 다른 의견을 말한다고 그 사람 자체를 부정하는 것은 아니다. 진짜 마음을 억누르고 있으면 스스로도 자기 자신을 잘 모르게 된다. 고개를 끄덕여야 할 것 같은 상황 속에서도 내 기준에서 'NO'라면 그렇다고 제대로 전달하기 위한 연습을 꾸준히 하자. 주변 사람들에게 잘 휩쓸려서 고민인 분에게 내가 권하는 연습은 '트위터(Twitter) 같은 SNS에서 거북한 계정을 차단해보기'다.

차단하기는 'NO'를 말하는 연습

마음의 병을 앓는 사람 중에는 성실하고 상냥한 성격의 소유자가 많다.

주위를 신경 쓰느라 자기 의견을 주장하지 못하고, 싫은 일이 있어도 싫다고 하지 못한 채 웃음으로 넘기며 끝낸다. 'NO'라는 의사표시를 하지 못하는 경우가 많다.

이런 성향의 사람은 SNS에서조차 잘 모르고 마음에 안 드는 사람을 차단하는 일에 주저한다.

'예의에 어긋나는 것 아닐까?'

'피한다고 생각하는 거 아니야?'

하지만 요즘에는 SNS에서 당한 공격 때문에 목숨을 버리는 사람이 있을 정도다. 나를 향한 의견을 한없이 계속 받아 들으면 상처받는 것은 바로 나 자신이다.

그러니 싫다는 마음이 들었다면 바로 차단하자.

차단은 'NO'라는 의사표시이므로 차단하는 경험을 쌓아가면 실생활에서도 누군가에게 'NO'라고 대답하는 일이 어렵지 않게 된다. 차단 버튼을 누르면서 'NO'라고 말하는 거북함을 조금씩 마비시키는 것이다.

나 역시 차단할 때 주저하지 않는다.

앞서 말한 대로 의학계에 단단히 밉보인 바람에 트위터를 통해 비판적인 의견을 받기도 한다. 댓글을 보낸 사람의 계정을 읽어보면 의학에 관한 이야기가 많아서 아니나 다를까 같은 업계 사람이라는 것을 알게 된다.

그런 계정은 숨 쉬듯 편안하게 차단한다.

경험이 어느 정도 쌓이면 정말 아무런 괴로움도 느껴지지 않는다. 꼭 한번 해보자!

기분을 억지로 바꾸려하면 괴로울 뿐이다

Don't Think
Too Much

물론, '기분을 벗어나자'라는 생각

실수를 했을 때 자신의 전부를 부정하는 사람이 있다.

　'어차피 나 같은 사람은 안 돼.'

　'난 뭘 해도 안 되는 인간이야.'

　얼마 전에도 산업카운슬링을 하며 다음과 같은 이야기를 들었다.

C　　　"거래처에 큰 실수를 해서 고개도 못 들겠어요. 제가 생각해도 저는 구제불능 같아요. 이런 기분에서 빠져나와야 한다는 것은 알겠는데, 너무 우울해서……."

이노우에　　"빨리 극복해야 한다고 생각하지 않아도 괜찮아요."

C　　　"네? 왜요?"

이노우에　　"실수를 하면 누구나 기분이 침울해지니까요. 침울해지지 않는 사람이 오히려 문제가 있지요. 생글생글 웃고 다니면 정말 이상하고요."

C　　　"듣고 보니 그렇기도 하네요……."

이노우에 "그러니 침울해지는 것 자체는 괜찮습니다. 저질러버린 실수는 어쩔 수 없어요. 게다가 침울하다는 건 이제까지 C 님이 최선을 다해 노력해왔다는 증거이기도 하잖아요. 일에 대한 열의가 있으니까 침울해지는 거죠."

C "네, 맞는 말씀이에요."

이노우에 "그 부분에 관해서는 스스로를 칭찬해주세요. 어떻게 되든 알 바 아니라고 생각했다면 실수했어도 아마 침울하지 않았을 거예요. 침울함 자체는 나쁘지 않습니다. 중요한 것은 그다음이에요. 앞으로 어떻게 해야 실수를 막을 수 있는지를 생각해 봐야 하지요. 억지로 기분만 바꾸려고 해봤자 괴로울 뿐이에요."

C "그러네요. 마음이 좀 가벼워졌어요. 감사합니다."

의욕 없이 적당히 일을 해치웠다면 실수했다고 크게 우울하지도 않을 것이다. 그렇지 않고 내 일에 정면으로 부딪쳐왔기 때문에 그 결과에 마음이 영향을 받는다. 당연히 침울해질 수 있고, 침울해졌다는 것은 성실하게 노력해왔다는 증거라는 점을 기억했으면 한다.

"얼마나 우울해해도 괜찮을까요?"라고 묻는 분도 있다.

우울해할 기간에 기준을 두는 것은 이상하지만, 2주 이상 우울함이 지속되면 우울증으로도 진단될 수 있으니 대충 잡아 그 반으로 하자. 일주일 정도 기분이 가라앉는 것은 전혀 문제없다. 점심식사를 하고 났더니 홀가분해지거나 하룻밤 자고 났더니 평상심을 되찾는 경우도 있다.

얼른 극복해야 한다고 자기 자신을 너무 독촉할 필요는 없다. 자연스럽게 이겨내기 위해서는 길든 짧든 시간이 걸리겠지만, 그래도 괜찮다.

게으르다고 자신을 탓하지 않아도 된다

Don't Think
Too Much

'게을러서 그래'라는 생각

모처럼 계획을 세웠지만 할 마음이 생기지 않아 뒤로 미루거나 눈앞의 일을 우선해서 계획을 지키지 못할 때가 있다.

'난 너무 게을러.'

'자기 관리 진짜 못 한다.'

이렇게 자책하는 분도 있을 테지만, 그런 사고방식은 버리는 편이 좋다. 자신을 탓하지 말고 계획대로 진행하기 위해 할 수 있는 일을 실천해보자.

어떤 일을 계획대로 실천하고자 할 때 내가 권하는 핵심은 '목표 달성을 위한 의욕 유지하기'다. 처음에 아무리 의욕이 넘쳐도 얼마 안 되어 사라진다면 계획은 용두사미가 될 뿐이다.

'어떻게 의욕을 유지할 수 있는 환경을 만들어낼 것인가.' 이것이 계획 달성의 열쇠다.

의욕을 유지하는 환경 만들기 4단계

이를 위해 할 수 있는 일이 네 가지 있다.

첫 번째는 목표를 구체화하는 것이다.

'다음 주 금요일까지 기획서를 완성시킨다.'

'이번 달 안에 회사 100곳에 영업 전화를 돌린다.'

이렇게 구체적으로 무엇을 어떻게 하겠다고 세워두는 것이 중요하다. 달성 지점이 어디인지 알 수 없으면 앞을 향해 제대로 움직이고 있는가를 판단할 수 없다.

두 번째는 목표를 공유하는 것이다.

가장 편한 방법은 공개 선언이다. 다른 사람과 함께 목표를 위해 노력하는 것도 좋다. 혼자라면 포기하고 싶어질 일도 누군가와 공유하면 좋은 의미에서 압박을 느끼기 때문에 발을 빼려야 뺄 수 없다.

세 번째는 목표를 잊지 않는 것이다.

특히 장기 계획이라면 완전히 까먹는 경우도 있다.

예를 들어 '올해 안에 토익 700점을 따자'라는 목표를 세워 놓고서 3개월 후에는 잊어버리기도 한다. 그런 일을 방지하기 위해 시선이 자주 가는 벽에 목표를 붙여놓거나 진행 상황을 메모하며 되새기자. 목표가 머릿속에서 사라지지 않도록 하는 것이 중요하다.

네 번째는 목표를 달성하기 위한 행동 계획을 구체적으로 세우는 것이다.

'올해 안에 TOEIC 700점을 딴다'는 계획이면 그것을 이루기 위해 어떻게 해야 하는지를 생각하고 구체적인 행동으로 옮긴다. 목표까지 얼마나 다가갔는지 평가할 수 있는 시스템이 있다면 스스로를 채찍질하거나 격려할 수 있다.

작년에 나는 '6개월 동안 10킬로 빼기'라는 목표를 내걸고 다이어트를 했다. 하루도 빠지지 않고 노력하겠다고 결심했으므로 잊어버리지 않았다. '간식을 먹지 않는다', '밤 9시에 잔다' 같은 행동 계획도 구체적으로 세웠고, 인스타그램 라이브로 다이어트하는 모습도 공유했다. 시청자분들이 눈을 번뜩이고 지켜봐준 덕분에 마침내 성공할 수 있었다.

일은 '어중간한 상태'에서
끝내는 게 효과적

Don't Think
Too Much

'어떻게든 오늘 안에 끝내야 해'라는 생각

계획한 대로 끊기 좋은 곳까지 해놓고 싶은 마음은 충분히 이해한다.

끝내려고 생각한 곳에서 끝내지 못하고 어중간한 곳에서 마치면 개운하지 않을 것이다.

그런데 사실은, 그 찜찜함을 느끼는 것이 중요하다.

장기적인 안목에서 보면 끊기 좋은 곳에서 마치기보다 어중간한 지점에서 끝나 찜찜함이 남아야 일의 능률이 올라간다.

'자이가르닉 효과'가 의욕을 내일로 이어준다

바로 '자이가르닉 효과(Zeigarnik effect)' 때문이다. 자이가르닉 효과란 달성한 일보다 달성 못 한 일이 더 머릿속에 남는 심리적 현상을 말한다.

이를 업무에 적용해보자.

끊기 좋은 곳까지 해치웠을 경우 기분이 좋다. 홀가분하다. 바로 그 때문에 그 업무는 '이미 끝난 일'로서 머릿속 한구석에 정리되고, 기억이 희미해진다.

다음 날 아침 다시 시작하려고 하면 가볍게 액셀을 밟는 정도로는 그때 그 기분이 돌아오지 않는다. 세게 시동을 걸어야 하기에 업무 모드로 들어가기 힘들다.

한편 어중간하게 끝냈을 경우 찝찝함이 남는다. 공회전 상태와 비슷하다.

그래서 가볍게 액셀만 밟아도 바로 가속할 수 있다.

처음에는 적응하기 힘들 수도 있다.

금요일을 개운치 못하게 끝낸 채 주말을 보내고 월요일을 맞이하는 것에 거부감을 느끼는 것처럼 말이다. 우선 일을 완전히 마무리하지 않은 상태에서 평일 하룻밤을 보내는 것부터 시작해보자.

오늘의 의욕을 내일로 이어가는 것이다.

냉랭한 메일에도

'내가 뭘 잘못했나?'라는 생각은 버린다

Don't Think
Too Much

'뭘 잘못했나?'라는 생각

메일은 하루 24시간 동안 언제든지 보낼 수 있고, 전화와 달리 상대의 상황이 어떤지 고려할 필요가 없어서 매우 편리하다. 하지만 글로만 소통하기 때문에 상대가 어떻게 받아들이느냐에 따라 오해가 생길 수 있다.

글만 읽으면 상대가 마치 화난 것 같기도 하고, 냉대받는 느낌이 들기도 해서 '뭘 잘못했나?' 하고 불안해지기도 한다. 그런 생각을 하지 않기 위해 서로가 '이 글을 읽으면 어떤 기분이 들까?'를 고려해서 신중히 문장을 작성하는 것이 매우 중요하다. 그저 '알아서 이해하려니' 하고 적당히 쓰면 반드시 어긋나게 된다.

나는 마음을 상대에게 바르게 전달하기 위해 이모티콘이나 특수문자를 자주 사용한다.

예를 들면 이런 것들이다.

"죄송합니다(ㅠㅁㅠ)" (사과)
"고맙습니다^^" (인사)
"잘 부탁드립니다m(__)m" (부탁)

"어떨까요?(>_<)"(제안)

"~라고 생각합니다(^_-)"(주장)

이모티콘이나 특수문자뿐 아니라 분위기가 너무 무거워지지 않게 강조 표시를 섞거나 고민하고 있음을 나타내기 위해 말줄임표를 쓰기도 한다. 이모티콘이나 특수문자를 쓸 수 없는 회사라면 "~해서 기뻤습니다", "저는 ~는 아니라고 생각했습니다"처럼 글로 자신의 감정을 제대로 표현하는 편이 좋다.

덧붙이자면 메일을 보낼 때는 오발송에도 주의를 기울여야 한다. 암호를 걸어 보안을 강화하는 등 여러 방법이 있지만 지금 당장 간단히 해볼 수 있는 것은 '내용 먼저 쓰고 받는 사람 입력하기'다.

받는 사람을 먼저 입력해버리면 아직 다 쓰지 않았는데 실수로 송신을 누르거나, 누구에게 보낼 메일인지 재확인하지 않고 보내버릴 우려가 있다. 그런 실수를 방지하기 위해 받는 사람은 가장 나중에 입력하자.

이런 간단한 일만 신경 써도 실수해서 우울해질 요소를 줄일 수 있다.

전화 걸기나 받기가
왠지 스트레스인 사람이라면

Don't Think
Too Much

'타이밍을 못 맞추는 사람으로 보일까?'라는 생각

스마트폰이 발달하며 전화 이용이 더욱 늘었다. 메일과 달리 바로 걸고 바로 받기 때문에 빠른 정보 교환이 가능하다. 전화의 가장 큰 장점이다. 하지만 언제 어디서나 걸고 받을 수 있으니 받는 사람이 무엇을 하고 있을지 짐작하기 어렵다. 상대의 상황을 몰라서, 지금 전화 걸면 통화하기 불편하지 않은지 한번 생각해봐야 한다. 이 부분은 전화의 단점이라고 할 수 있다.

사무실 고정전화로 걸던 시절에는 상대가 회사에서 일하고 있음이 분명했기 때문에 지금처럼 깊게 생각할 필요가 없었다. 또 화장실에 가거나 식사하느라 자리를 비웠을 경우에도 "○○는 지금 부재중입니다"로 간단히 정리되었으니 상대의 휴식 시간을 방해하는 일도 없었다. 하지만 스마트폰은 다르다.

좋지 못한 타이밍에 전화를 걸어서 기대했던 대화를 나누지 못하면 '괜히 방해했네', '타이밍 못 맞추는 사람이라고 생각할 것 같아' 같은 생각에 전전긍긍하기도 한다. 전화를 받는 사람 입장에서도 갑자기 자기 시간을 빼앗기고 하던 일을 멈추어야 하므로 다소 짜증을 느낄 수도 있다.

타이밍을 못 맞췄다는 생각에 우울해지는 일을 피하기 위해 언제 전화를 걸지 규칙을 정해놓자.

나는 긴급할 때만 전화를 이용하는 것이 가장 좋다고 생각한다. 그러면 받는 사람도 '이 사람이 전화를 걸었다는 것은 급한 일이라는 뜻이구나'라고 느끼기 때문에 사정이 있어 바로 받을 수 없더라도 아무 때나 전화하는 사람이라고는 생각하지 않을 것이다. 아무 때나 전화한다는 부정적인 이미지로 파악되는 사람은 평소에 별것도 아닌 일로 자꾸 전화하는 유형이다.

전화를 받고 싶지 않다면 그렇게 전하라

전화 받는 일에 스트레스를 느끼는 사람은 그 사실을 조금씩 알리는 것도 중요하다.

"바쁜데 메일로 보내주면 안 될까?"

이렇게 부탁해보거나 부재중 전화에 재발신 버튼을 누르는 대신 문자를 통해 용건을 물어보는 것이다. 이런 시도를 하며 상대가 알아차리기를 기다린다. 도무지 깨닫지 못하는 사람에게는 직접 말하는 것도 방법이다.

나는 자주 그렇게 한다.

"긴급한 용건이 아니면 되도록 전화는 피해주시길 바랍니다."

"급하지 않다면 메일로 부탁드립니다."

직접 말하는 것이 쉬운 일은 아니다. 하지만 가끔 메일

을 보냈다며 전화하는 사람도 있으니까 이 사람한테는 말
을 해야 알겠구나 싶어서 말하기도 한다.

산업카운슬러들 사이에서 자주 듣는 이야기 중 하나가
'전화를 받지 못하는 사람이 많다'는 점이다. 요즘은 집 전
화가 없는 경우가 많기도 하거니와 휴대전화와 달리 발신
자 표시가 뜨지 않는 전화는 두려움의 대상이다. 또 SNS처
럼 문자를 이용한 소통에 익숙한 젊은 층은 전화 통화에 거
북함을 느끼기도 한다. 통화한다는 행위 자체에 스트레스
를 느끼는 사람도 있다는 것을 알아두면 좋을 듯하다.

회의중에 갑자기 의견을 말해야 하면
누구나 긴장한다

Don't Think
Too Much

뭘, 그 대답해야 하는데 라는 생각

회의 중에 갑자기 의견을 말해야 하는 상황에 직면하게 되면 누구나 긴장한다.

심장이 쿵쿵 뛰고 머릿속이 새하얗게 될지도 모른다.

특히 상사나 거래처 상대 등 더 윗자리에 있는 사람이 의견을 물어오면 그 자리의 분위기에 압도되어 자기에게 불리함에도 불구하고 동의해버리거나 하고 싶은 말을 제대로 전하지 못하기도 한다.

이럴 때 '빨리 대답해야 해', '무슨 말이라도 해야 돼'라고 생각하지 않아도 된다.

'시간 확보' 의식을 갖자

병원 진찰 중에도 자주 일어나는 일이다. 의사가 "내일부터 ○○를 할까요?"라고 말하면 환자는 "네"라고 말할 수밖에 없을 때가 있다.

의사와 환자 사이에도 상사와 부하직원의 관계처럼 무언의 압력이 작용하는 것이다. 결코 의사가 위, 환자가 아래는 아니지만, 전문적인 지식이 있는 사람과 없는 사람으로 갈리며 대등하지 못한 관계가 성립된다.

이런 상황에서는 자기 의사에 반하는 일도 받아들이기 쉬워지므로 의식적으로 '시간을 벌어야' 한다. 그 자리에서 바로 대답하는 것이 아니라, 대답을 만들어내기 위한 시간을 확보하는 것이다.

진찰 중이라면 "오늘은 아직 마음의 준비가 안 돼서 다음 진찰 때 알려드리겠습니다"라고 말해보자. 회의 중이라면 "나중에 메일 드리겠습니다", "일단 회사에서 검토해보겠습니다"라고 말할 수 있다.

그 자리에서 당장 대답해야 한다는 규칙 같은 것은 없다. 당황할 일도, 무리할 필요도 없다. 하고 싶은 말을 정확하게 전달하기만 하자.

하고 싶은 말을 항목별로 정리한다

하고 싶은 말을 정확하게 전달하기 위해서는 미리 메모를 해두면 좋다. 생각을 미리 정리해놓으면 갑자기 의견을 말해야 할 때도 따로 시간을 벌 필요가 없다. 벌어야 할 시간을 당겨쓴다고 생각하면 된다.

나는 환자분에게도 하고 싶은 말을 항목별로 정리해오시라고 부탁한다.

말을 하는 동안에는 지금 하고 있는 말로 머릿속이 가득 차서 원래 하고 싶었던 말을 쉽게 잊어버린다. 집에 돌아가고 나서야 '그걸 물어봤어야 했는데', '털어놓고 싶은 고민이 따로 있었는데' 하며 깜박했다는 것을 깨닫는 일이 많다는 걸 안다.

그래서 나는 물어보고 싶은 것이나 말하고 싶은 것을

종이에 써달라고 한 후 그에 대답하는 형식으로 진찰한다.

준비해두면 괜히 긴장하지 않아도 된다.

내 마음에 스트레스를 주지 않기 위해 할 수 있는 일을 차근차근 해나가자.

이직을 거듭해도
정신과 의사 입장에선 아무 문제 없다

Don't Think
Too Much

'이 일을 좋아하자'라는 생각

"이 일이 적성에 안 맞는 것 같아요."

자주 듣는 고민 중 하나다.

나는 이렇게 대답한다.

"계속해왔다는 것은 이미 적성에 맞는다는 의미 아닐까요? 그 정도로 가볍게 생각해도 충분합니다. 무리해서 '이 일을 좋아하자'라고 생각할 필요 없습니다."

물론 아무리 생각해도 능력이 부족한 것 같고, 계속 그 일을 하는 것이 힘들다면 그만둔다는 선택지도 고를 수 있다.

이미 이직을 몇 번 해본 상황이면 계속 도망만 치고 있다고 느낄 수도 있다. 하지만 산업카운슬러의 입장에서 보면 아무 문제 없는 일이다.

이직을 반복하는 사람은
'업무 의욕이 강한 사람'

회사를 그만두고, 다시 새로운 회사에 들어가려면 굉장히 많은 에너지가 소모된다.

그런 일을 몇 번이나 해왔다는 것은 일에 대한 의욕이 굉장히 높다는 의미다. 나는 멋진 사람이라고 생각한다.

그런 분은 정신적으로 큰 병을 앓는 일도 별로 없다. 심각한 우울증은 스트레스가 가득한 환경에 계속 머물기 때문에 나타나는 케이스가 대부분이기 때문이다.

그렇게 되기 전에 이직함으로써 환경을 바꿀 수 있는 사람은 생활 능력이 뛰어나고 마음이 강한 사람이다. 자신감을 가저도 좋다.

한 종류의 '열심히'만 알고 무리하고 있지 않은가?

Don't Think
Too Much

'언제나 최선을 다해야지'라는 생각

"열심히 했는데 결과가 좋지 않아요. 상사가 부담을 줘서 힘듭니다."

이런 분들을 상담하며 자주 만난다.

자세히 이야기를 들어보면 다들 정말 엄청나게 노력하고 있다. 언제나 전력투구하는 마음으로 업무를 대한다.

하지만 나는 그 부분이 염려된다.

많은 사람들이 한 종류의 '열심히'만 알기 때문이다.

'열심히 하다'의 기본을 곧 '전력투구'로 삼는데, 이렇게 한 가지 '열심히'만 알고 있으면 가볍게 부탁할 수 있는 일과 중대한 사안을 동급으로 취급하게 된다. 그러면 에너지가 바로 고갈됨과 동시에 막대한 스트레스를 느끼게 되어 정말 중요할 때 한 번 더 도약할 수 없게 된다.

우울증 환자에게 "힘내"라는 말이 금기어이듯 자기 자신에게도 과도한 노력을 강요하는 것은 바람직하지 않다.

'최선을 다해 열심히 했는데 아직 부족하구나.'

'더 이상은 노력할 수 없어.'

이런 마음이 들면서 번아웃 증후군(burnout syndrome,

열심히 몰두했던 사람이 피로와 무기력증, 자기혐오 등에 빠지는 현상 -역주)까지 몰리고 만다.

'열심히'를 여섯 종류로 나눠 쓰자

'열심히'는 한 종류가 아니라 여섯 종류를 구비해놓는 것이 좋다.

❶ 전력을 다해 열심히 한다(힘을 100퍼센트 내서 임하는 이미지)

❷ 조금 열심히 한다(일단 한번 해보는 정도)

❸ 가능한 범위까지 열심히 한다(벽에 부딪히면 도움을 구한다)

❹ 그럭저럭 열심히 한다(마감 직전까지는 내버려둔다)

❺ 여유가 있으면 열심히 한다(다른 할 일이 없으면 시작한다)

❻　　누군가가 열심히 하겠지(자주적으로 참여하지

말고, 타인의 힘에 의존한다)

　　항상 이 여섯 종류를 의식하며 '어떤 열심히를 사용할

까?' 생각해보길 바란다. 그때마다 입으로 말해보면 자기

암시가 걸리며 몸과 마음을 지키는 안전장치가 되어 줄 것

이다.

　　조금씩 힘을 빼는 법을 배워가는 것도 중요하다.

　　왜냐하면 당신은 이미 충분히 열심히 하고 있기 때문이

다.

마음을 강하게 만들어주는
7가지 습관

'보디 스캔법'으로 컨디션을 확인한다

"어떻게 해야 멘탈이 강해지나요?"

　내가 환자분들에게 가장 많이 듣는 질문인지도 모른다.

　안심하라. 정신력은 강해질 수 있다.

　앞장에서는 상황에 맞추어 바로 실천할 수 있는 마음 지키는 법을 소개했다. 마지막 장에서는 좀 더 근본적인 부분을 이야기하고자 한다. 마음 자체를 강하게 하는 법이다.

　'생각할 필요 없는 것'을 자연스럽게 생각하지 않는 강한 마음을 키우는 법을 소개하겠다.

몸의 변화에 주의를 기울인다

우선 몸의 변화에 민감해지는 습관을 갖도록 하자. 마음을 강하게 하는 방법을 소개한다고 해놓고서 왜 몸 이야기를 꺼내는지 의아한 분도 계실지 모른다.

하지만 컨디션 난조는 우선 몸에서 나타나, 그 후에 마음으로 드러나는 것이 일반적이다. 몸이 어떤 상태에 있는지 주의를 기울이면 마음에 그 영향이 미치기 전에 대처할 수 있는 가능성도 높아진다.

'일부러 귀찮은 일 하지 않아도 몸 상태가 안 좋으면 금방 알 수 있잖아'라고 생각하는 분도 있을 수 있다. 물론 열이 나거나 두통을 느꼈다면 단번에 건강이 나쁘다는 것을 알 수 있다. 하지만 포인트는 '그렇게 되기 전에' 인식하는 것이다.

큰 증상이 나타나기 전에 건강 불량의 신호를 알아차리고, 어떤 조짐을 느꼈다면 몸을 잘 다스린다. 몸의 피로가 마음에 영향을 미치지 않게 조심한다.

건강 불량의 신호는 꼼꼼하게 인식하지 않으면 알아차리기 힘들다. 특히 긴장 상태가 이어지는 상황에서는 주의가 필요하다.

긴장감이 높으면
몸의 비명에 둔감해진다

어쩌면 여러분은 이런 이야기를 들어보았을지도 모른다. 운동 경기 중 한 선수가 넘어졌다. 그는 그대로 경기를 계속했지만, 시합이 끝나자마자 급격한 아픔을 느껴 병원에 실려 갔다. 알고 보니 뼈가 부러졌던 것이다.

실제로도 자주 있는 일이다. 긴장 상태가 이어지면 신경이 팽팽해져 몸이 내지르는 비명을 알아차리지 못한다. 긴장 상태에서 풀려났을 때 비로소 몸에 입은 손상이 덮쳐오고, 자칫하면 손을 쓸 수 없을 정도로 악화돼 있기도 하다. 그래서 '지금 내 몸은 어떤 상태인가'를 적극적으로 인식하는 것이 중요하다. 특히 큰 프로젝트나 익숙하지 않은 업무를 맡게 되었을 때는 매우 높은 긴장감에 노출되어 있으니 주의가 필요하다.

컨디션 난조를 인식하기 위한
'보디 스캔법'

'보디 스캔법'을 실시하여 건강 이상의 신호를 잡아내자. 보디 스캔법이란 CT촬영으로 온몸을 빠짐없이 촬영하는 것처럼 몸의 각 부위를 의식해보는 방법이다.

간단히 해볼 수 있다.

❶ 편하게 눕는다.

❷ 목보다 윗부분에 의식을 집중한다. 피로가 쉽게 쌓이는 세 곳을 특히 의식한다.

❸ 상반신에 의식을 집중한다. 피로가 쉽게 쌓이는 세 곳을 특히 의식한다.

❹ 하반신에 의식을 집중한다. 피로가 쉽게 쌓이는 세 곳을 특히 의식한다.

어떤 자세를 취해도 괜찮지만 누워서 실시하는 편이 가장 긴장을 풀기 좋다.

눈은 감아도 되고, 떠도 된다.

목보다 위, 상반신, 하반신으로 나누어서 평소에 자주 피곤함을 느끼는 곳을 각각 세 군데씩 고른다. 3×3=9, 아홉 부분이다.

그런 후 CT촬영을 하고 있다고 상상하며 천천히, 꼼꼼하게 한 부분씩 초점을 맞추어 평소와 다르게 느껴지는 곳은 없는지 확인한다.

예를 들어 목보다 위라면 머리, 눈, 목 등에 집중한다.

☐　　머리가 조이는 느낌은 없는가?

☐　　눈이 무겁게 느껴지지 않는가?

☐　　목이 뻣뻣한 느낌은 없는가?

상반신이라면 어깨, 가슴, 배 등에 집중한다.

☐　　어깨가 굳어 있지 않은가?

☐　　가슴에 답답한 느낌은 없는가?

- 배가 아프거나, 팽팽한 느낌은 없는가?

하반신이라면 허리, 허벅지, 종아리 등에 집중한다.

- 허리가 아프지 않은가?
- 허벅지에 뻣뻣함, 혹은 피로함 같은 불쾌함은 없는가?
- 종아리에 뻣뻣함, 혹은 피로함 같은 불쾌함은 없는가?

이렇게 체크하면 이상 징후를 알아차릴 수 있다.

이제까지 살피지 못했던 부분에 의식을 집중해서 비로소 깨닫는 것이야말로 보디 스캔법을 실시하는 목적이다. 그 결과 느낀 이상 징후를 있는 그대로 받아들이자.

'머리가 아프면 안 되는데'처럼 부정적으로 인식하지 말고, 느껴지는 그대로 몸이 보내는 SOS를 받아들이는 것이다.

매일 실시해서 이상 징후를 찾는다

보디 스캔법은 매일 실시한다. 어쩌면 '오늘은 업무에서 압박을 느끼지도 않았으니까 힘들어지면 그때 해봐야지' 하고 생각하는 분도 있을지 모른다.

물론 긴장 상태가 이어지는 바쁠 때일수록 몸에 이상 징후가 나타나기 쉬우니, 힘들면 해보자는 생각이 틀렸다고 할 수 없다. 하지만 막상 바빠지면 익숙하지 않은 보디 스캔법을 해보려는 생각은 들지 않게 된다. 그럴 여유가 없을 것이다. 그러니 아무렇지 않은 날 나 자신을 다루는 법을 익히고, 필요할 때 바로 실시할 수 있는 상태를 유지하는 것을 권한다.

또 바쁠 때만 하는 게 아니라 매일 실시해서 평소와 다른 점을 찾아내는 것도 중요하다. 만성적인 어깨 뭉침이나

요통을 느끼는 분도 있겠지만 포인트는 '어제와 다른 점'을 느끼는 것이다.

그 위화감을 되도록 빠른 단계에서 찾아내서 평소와 다른 징조를 느꼈을 때는 제대로 휴식을 취하고 있는지, 충분한 수면을 취했는지를 돌아보라.

보디 스캔법

① 편안히 눕는다
② 목보다 윗부분에 의식을 집중한다.
   피로가 쉽게 쌓이는 세 곳을 특히 의식한다.
   머리, 눈, 목, 귀, 입 안… 등
③ 상반신에 의식을 집중한다.
   피로가 쉽게 쌓이는 세 곳을 특히 의식한다.
   어깨, 가슴, 배, 등, 옆구리… 등
④ 하반신에 의식을 집중한다.
   피로가 쉽게 쌓이는 세 곳을 특히 의식한다.
   허리, 허벅지, 종아리, 무릎, 발끝… 등

CT촬영을 하고 있다고 상상하면서
각 부위에 의식을 집중합니다.

습관 2

몸의 신호를 읽고 재정비한다

몸이 보내는 SOS 신호를 알아차렸다면 이제 제대로 정비할 차례다.

내 경우 무리하면 두통이 심해지는 경향이 있다. 보디스캔법을 실시한 결과 머리에서 느껴지는 감각이 평소와 달랐다면 '요즘 일이 많아 수면 시간이 부족했어'라고 반성한 후 '부담스러운 일은 거절하자'라고 판단하고 업무량을 줄이는 등 몸 상태를 최우선으로 생각해서 생활을 재조정한다.

물론 일이 너무 바빠서 충분한 수면 시간을 확보할 수 없을 때도 있다. 사실 자신의 능력치를 넘어서는 일은 거절하는 것이 제일 좋지만, 그렇게 할 수 없는 현실과의 괴리 속에서 괴로움을 느끼는 분이 많을 것이다.

그런 분들을 위해 수면 이외의 방법으로 몸을 정비하는 방법을 소개하겠다.

목욕으로 몸의 에너지 순환을 돕는다

몸을 정비할 때 가장 편하게 할 수 있으면서 효과 좋은 방법이 바로 목욕이다.

사실 나는 '온천요법의'이기도 하다.

온천요법의란 온천요법을 실시하는 사람에게 요양 지도를 하면서, 동시에 일상적인 목욕을 할 때도 의학적인 효과를 얻을 수 있는 방법을 지도하는 의사를 말한다.

온천요법의로서 몸을 효율적으로 정비할 수 있는 목욕 활용법을 소개하고자 한다.

먼저 목욕의 장점을 알아보자.

가장 손꼽을 만한 점은 심부체온(뇌나 심장 등 체내의 온도)이 올라가서 피의 흐름이 좋아진다는 것이다. 피의 흐름, 혈류가 좋아지면 우리 몸에 있는 37조 개의 세포에 산소와 영양소, 열이 고루 퍼진다. 동시에 노폐물이 배출되면서 세포 하나하나가 건강해지고, 상쾌한 느낌을 얻을 수 있다.

반대로 혈류가 나쁘면 온몸의 세포에 에너지를 공급할 수 없다. 노폐물 배출도 이뤄지지 않아 피로물질이 쌓이고, 그로 인해 혈관이 압박되어 통증과 결림을 느끼기 쉽다.

부교감신경을 활성화시키는 것도 목욕의 큰 장점이다. 부교감신경은 자율신경의 한 종류로서 몸과 마음을 휴식 모드로 이끌어준다. 이런 부교감신경은 혈류가 좋아지면 활성화되는 경향이 있다.

피로한 몸을 욕조에 담그면 뭐라고 표현할 수 없는 나른함이 느껴지지 않는가? 그것이 바로 부교감신경이 활성화되었다는 증거다.

그렇다면 심부체온을 올리고 피의 흐름도 좋게 하기 위해서는 어떤 방식으로 목욕을 해야 할까? 실은 목욕의 효과를 최대한 끌어내기 위해서는 목욕 후의 행동도 중요하다.

피로가 완전히 날아가는 목욕법

❶   41도 정도의 따뜻한 물에 10~15분간 들어간다.

❷   욕조에서 나온 후 15분 정도는 몸의 열이 식지 않
     게 한다.

❸   편안하게 있다가 목욕한 지 약 90분 후에 잠자리
     에 든다.

심부체온을 올리려면 ❶이 중요하다. 아무리 짧아도 10
분은 들어가 있도록 하자. 연속해서 10분이 아니라 2~3회
나누어 들어가도 괜찮다. 입욕 중 숨쉬기 힘들어졌다면 무
리하지 말고 밖으로 나온다.

가장 좋은 온도는 스스로 느끼기에 기분 좋은 온도다.
사람들이 가장 편안함을 느끼는 온도는 41도라고 하니 우

선 그 정도에서 시작해서 자신에게 맞게 조정해나가자.

다만 42도 이상을 피하는 편이 좋다. 너무 뜨거우면 교감신경이 자극받아 부교감신경의 활성화를 방해한다.

또, 욕조에서 나올 때는 어지럼증에 주의하자. 심부체온이 올라가면 혈관이 팽창해서 혈압이 낮아지기 쉽다. 손잡이를 잡고 천천히 움직이며 넘어지지 않도록 조심한다.

욕조에서 나온 후에는 가급적 몸이 따뜻하게 데워진 상태를 유지하라. 에어컨이나 선풍기 바람으로 몸을 갑자기 식히는 것은 좋지 않다. 몸이 급격히 차가워지면 혈관이 수축해서 혈압의 변동 폭이 커진다. 목욕한 후 15분 정도는 열이 빠져나가지 않도록 안정을 취한다. 혈액이 온몸에 빠짐없이 돌아야 목욕의 장점을 최대한 누릴 수 있다.

입욕 후에는 가벼운 탈수가 생길 수 있으니 물을 한 컵 마셔 수분을 보충하자. 상온에 둔 물을 마시면 위장이 차가워지는 것을 막을 수 있다.

❸ 역시 중요한 포인트다.

사실 사람은 심부체온이 내려갈 때 졸음을 느낀다. 본래 심부체온은 하루 동안 천천히 오르내리다가 자기 전 2~4시간 무렵 높아진다. 높아졌던 체온이 내려가면서 졸음을 느끼고 잠을 청하게 되는 것이다.

목욕을 하면 심부체온을 1도 정도 올릴 수 있다. 그 온도는 90분에 걸쳐 천천히 내려간다. 즉 목욕을 통해 심부체온을 빠르게 올리면 심부체온이 떨어지기 쉬운 상태가 되어서 수면 스위치가 금방 눌리게 된다. 목욕을 마치고 90분 후 침대에 누우면 힘들이지 않고 졸음이 밀려와 숙면을 취할 수 있다.

목욕으로 수면의 질을 높일 수 있다니 반가운 소식이 아닐 수 없다. 올바른 입욕법을 익혀서 몸을 착실하게 정비하자.

자기 마음의 상태를 정확히 파악한다

우선 멘탈 트레이닝은 근력 트레이닝과 다르다는 점을 기억해주길 바란다. 근력 트레이닝처럼 육체에 과부하를 걸어서 강인한 근육을 기르는 방법은 멘탈 트레이닝에는 맞지 않다.

멘탈은 근육과 달리 지금 어느 정도 부하가 걸려 있는지 알기 어렵다. 그 때문에 자신의 정신 상태를 스스로 정확히 인지하지 않고 있지 않으면 어느 날 갑자기 뚝, 하고 부러질 염려가 있다. 그렇다면 어떻게 해야 나의 정신 상태를 제대로 파악할 수 있을까?

방법은 간단하다. 하루를 마무리할 때 다음 세 가지를 실시하는 것이다.

❶　기분이 어떤지 스스로에게 묻는다.
❷　그 기분에 맞는 라벨을 붙인다.
❸　있는 그대로 받아들인다.

우선 그날 있었던 일을 돌아보면서 스스로에게 묻는다.

"지금 기분이 어때?"

그러면 심란함, 짜증스러움 등 다양한 감정이 올라올 것이다. 그것으로 충분하다. 올라온 감정을 있는 그대로 응시한다.

그런 후 ❷단계로 넘어간다.

다양한 감정이 올라와도 그것을 언어화하는 작업은 의외로 어렵다. 이때 시도하는 것이 라벨링이다. 미리 몇 개의 라벨을 생각해둔다. '불안', '죄책감', '울컥거림', '초조함', '두려움' 등 평소 자주 느끼는 감정을 열 개 정도 떠올린다. 라벨은 한 번에 몇 개를 붙이든 상관없다.

예를 들어 하루를 돌아보다가 상사에게 혼난 일을 떠올렸다고 치자.

말로 잘 표현할 수 없지만 아무튼 기분이 좋지 못했다. 이때 미리 준비해둔 라벨 중에서 그때의 감정에 가까운 것, '울컥거림', '초조함', '두려움'을 꺼내서 마음속에 전부 붙인다. 내 마음속에 들어왔다고 상상하는 것이다.

물론 라벨을 붙이면서 '그러고 보니 얼마 전에도 그런 일이 있었지', '그 상사는 정말 짜증나'처럼 부정적인 감정이 자꾸 따라나와 증폭될 수도 있다.

그래도 괜찮다. 가장 좋지 않은 것은 억압이니 부정적인 마음이어도 밖으로 표출된 점을 높이 평가하자.

또 라벨의 내용은 감정이 아니라 '내일 회사에 가기 싫다', '그 사람과 만나고 싶지 않다' 같은 감상이어도 괜찮다.

그렇게 불확실하고 막연했던 감정을 언어화해가면 '늘 같은 라벨을 쓰고 있군', '의외로 내 고민은 언제나 비슷하고 단순하잖아' 하고 내 감정을 한 발짝 떨어진 곳에서 내려다볼 수 있게 된다.

마지막으로 ❸을 실시한다.

많은 사람들이 가장 어렵게 느끼는 작업이다.

'붙인 라벨을 있는 그대로 받아들인다.'

'나는 지금 이런 감정을 느끼고 있다는 것을 안다.'

말로 풀면 이런 과정인데 정확히 어떤 것인지 감이 오지 않을 수도 있다.

있는 그대로 받아들이려고 하면 먼저 '인정하고 싶지 않다'는 마음이 발생한다. 마음이 약해졌다, 상태가 좋지 않다는 것을 받아들이기 위해서는 큰 용기가 필요하다.

그 말은 즉 '결국 내가 약해서 이렇게 되었구나'라며 나 자신의 약함을 인정하는 것과 마찬가지이기 때문이다. '이제 손 쓸 도리가 없어', '미래가 캄캄해' 같은 감정이 따라오는 경우가 많기에 마음에서 거부반응이 일어난다.

하지만 내 마음을 정확히 파악하려는 노력은 마음을 강화할 때 빼놓을 수 없다. 그러니 겁내지 말고 있는 그대로 받아들이자.

부정적인 감정을 받아들이기 위한
'세 가지 포인트'

부정적인 감정을 받아들이기 위한 포인트는 세 가지다.

│포인트 1│ 부드럽게 감싸 안는다

부정적인 감정을 비판하지 말고 부드럽게 감싸 안아주자. '이런 생각을 하는 나는 쓸모없어'라고 생각할 필요는 조금도 없다. 사랑이 담긴 말, 수고를 치하하는 말, 따뜻한 말을 걸어주자.

│포인트 2│ 다른 사람도 마찬가지라고 생각한다

다른 사람도 비슷한 고민을 하며 살아간다는 것을 깨닫도록 하자. 순풍에 돛 단 듯 보이는 사람도 실은 같은 고민을 하고 있거나, 과거에 같은 경험을 했을 수 있다. '이렇게 엉망인 것은 나뿐이야'라고 생각하지 말고 모두 비슷하다는 마음을 가진다.

| 포인트 3 | 과정을 평가한다

고민에 이르기까지 여러 가지 일이 있었을 것이다. 그러는 과정에서 내 나름대로 노력했던 부분도 있다. 그 점은 제대로 평가하자. 비록 지금은 실패한 모양새라고 해도 이제껏 해온 노력까지 사라지는 것은 아니다.

노력했다는 사실을 평가하고, 마지막의 마지막까지 나는 나의 편으로 남도록 한다. 그런 자세가 '나도 꽤 노력했어', '지금 이대로 괜찮아'라는 안심감으로 이어진다.

내 마음의 상태를 확인하기

1 어떤 기분인지
스스로에게 묻는다.

POINT

☐ 자세는 자유롭게.
☐ 하루를 돌아보며 떠올랐던 감정을 그대로 응시한다.

2 어떤 기분인지
스스로에게 묻는다.

POINT

☐ 라벨을 미리 준비해둔다.
'불안' '억울함' '죄책감' '울컥거림'
'초조함' '두려움' '분노' '질투'…등

3 어떤 기분인지
스스로에게 묻는다.

POINT

☐ 부정적인 감정을 무시하지 말고 부드럽게 감싸 안는다.
☐ 다들 마찬가지라고 생각한다.

습관 4

소중한 사람이
격려해주는 모습을 상상한다

'습관 ❸ 자기 마음의 상태를 정확히 파악한다'는 익숙해지기까지 오랜 시간이 걸릴 수도 있다. 특히 마지막 단계인 '있는 그대로 받아들인다'가 잘 안 된다는 의견을 자주 듣는다. 자신의 약한 부분을 파헤치고 자진해서 받아들이는 일은 혹독한 과정이다.

그 단계가 순조롭지 않은 분에게는 이 방법을 추천한다. 내가 아니라 소중한 누군가가 말을 걸어주는 모습을 상상하는 것이다.

친구나 돌아가신 할머니, 은사 등 의지할 수 있는 사람, 사랑하는 사람을 상상 속에 등장시켜 본다. 목소리를 들으면 기쁜 사람을 떠올리는 것이 가장 좋으니까 하느님도 좋고, 좋아하는 연예인, 반려동물도 상관없다.

만약 아무도 떠오르지 않는다면 마음이 편안해지는 풍경도 괜찮다. 그럴 때는 사진이 있으면 더 상상하기 좋을 것이다.

자, 이제 떠올린 상대가 말을 걸어주는 장면을 상상해 보자.

예를 들어 프레젠테이션을 망치고, 마음에 '후회', '슬픔', '뒤처짐', '회사에 가고 싶지 않음' 같은 라벨을 붙였을 때다.

상상속사람 "참 아쉽겠다. 속상하고 슬픔 마음, 잘 알 것 같아."

나 "이렇게 쓸모없는 인간이 또 어디 있겠어?"

상상속사람 "그렇지 않아. 오늘 성공적으로 프레젠테이션했던 그 사람도 아마 엄청나게 연습했을 거야. 실전에서는 굉장히 긴장했을 거고, 고생했을 거야."

나 "하지만 그래도 성공하는 사람과 못 하는 사람 사이에는 하늘과 땅만큼의 차이가 있겠지."

상상속사람 "성공하지 못해서 아쉽긴 하지만 전부 쓸모없지는 않았어. 노력한 것은 사라지지 않으니까 분명 성장했을 거야."

나 "하지만 자료를 만들려고 A랑 B의 도움까지 받았는데 망쳐서……. 면목이 없어."

상상속사람 "많은 사람들이 도와주었구나."

나　　　　"응, 맞아. 정말 고마운 일이야. 어쩌면 나는

인복이 있는지도 모르겠어."

상상속사람 "○○○○○○"

긍정적인 말로 끝맺음한다

마지막을 어떻게 하느냐가 중요하다.

상상한 상대의 마지막 말, '○○○○○○'는 반드시 긍정적으로 끝맺음하도록 한다.

"네가 행복해지길 기도할게."
"네가 마음 편하게 지냈으면 좋겠어."
"늘 건강하길 바라."

이렇게 말이다. 얼마든지 좋아하는 어구로 변형해서 긍정적으로 끝맺음해보자.

왜 긍정적인 끝맺음이 필요할까? 의외로 심오한 이유가 있다. 바로 전까지 했던 대화는 이미 상처받은 마음을 어떻게 할 것인가에 관한 이야기지만, 마지막 한 마디는 미래로 보내는 응원이기 때문이다.

힘들어하는 마음을 마주보고 그 마음을 받아들이는 일은 내일 또 그 이후의 미래에 불안을 가져다주는 일이기도 하다. 괴롭고 가라앉은 감정을 밖으로 끄집어내서 인정하려 하고 있으니 내일 기분이 좋으리라고는 도저히 기대할 수 없는 것이다. 이 부정적인 기분을 상쇄해줄 무언가가 필요하다.

그것이 바로 소중한 사람이 보내는 응원이다.

'소중한 그 사람이 나의 행복한 내일과 미래를 바라고 있다.' 이런 긍정적인 끝맺음이 기다리고 있어야 두려움 없이 부정적인 부분을 드러낼 수 있고, 미래에 대해서도 안심감을 느낄 수 있다.

소중한 사람의 힘을 빌려 나를 격려한다

1 소중한 사람이나 물건 등 격려받고 싶은 대상을 떠올린다.

2 그 사람과 대화하는 장면을 상상한다.

3 마지막은 긍정적인 말로 끝맺음한다.

습관 5

'4·2·6 호흡법'으로 마음을 정비한다

마음의 상태를 확인했다면 이제 마음을 적극적으로 정비하자.

주된 방법은 세 가지다.

첫 번째로 소개할 것은 호흡법이다.

이는 '마인드풀니스(mindfulness)'라고 바꿔 말할 수 있다. 마인드풀니스란 힘들었던 과거와 불투명한 미래를 생각하지 말고, 지금 이 순간에 초점을 맞추어 그대로 받아들임으로써 평온한 상태를 만들어가는 것이다.

이미 유명한 방법이지만 여전히 불신감을 가지고 있는 분도 있을지 모른다. 나 역시 의심을 품고 있었는데 최근 의학적인 근거가 하나씩 밝혀지고 있다. 그중 가장 많이 보고된 것은 MRI로 검증된 뇌의 변화다.

호흡법으로 공포와
부정적인 감정을 해소한다

인간은 공포나 부정적인 감정을 느끼면 뇌에 있는 편도체라는 부분이 활성화된다. 뇌가 '위험합니다' 하고 경고를 보내는 것이다. 하지만 어떤 호흡법을 실시하면 활성화된 편도체가 상당히 진정된다는 것이 밝혀졌다.

즉 호흡을 통해 공포와 부정적인 감정이 희석되거나 사라진 것이다. 그 호흡법을 소개하겠다.

➊　　혼자 있을 수 있는 조용한 공간에서 눕는다.

➋　　호흡하고 있음에 의식을 집중한다. 그대로 1분간
　　　계속한다.

➌　　4초에 걸쳐 코로 호흡하고, 2초 멈추고, 6초에 걸
　　　쳐 입으로 가늘게 내쉰다.

❹   약 10분 실시한다.

몇 가지 보충하면, 눕는 것 말고도 책상다리를 하거나 무릎을 꿇는 자세도 좋다. 어떤 자세든 괜찮다. 눈을 떠도 좋고 감아도 상관없다. 편안함을 느낄 수 있는 상태를 유지한다는 것만 유념해달라.

❷단계에서 호흡을 의식하는 방법은 몇 가지가 있다.

예를 들어 코에 의식을 집중해서 콧구멍으로 공기가 들어옴을 느낀다. 또는 배를 의식해 배가 올라왔다가 꺼지는 것을 느낀다. 이때는 배꼽 아랫부분에 손을 올리면 좋다. 호흡을 할 때마다 배와 함께 손이 움직여서 호흡하고 있음을 의식하기 쉬워진다.

❸단계에서 반드시 시간을 지켜야 하는 것은 아니다. 중요한 것은 숨을 내쉬는 시간이 더 길다는 점이다. 나에게 맞는 리듬을 찾아가면 된다. 찾기 어려운 분은 우선 '4·2·6' 리듬을 의식하며 실시해보자.

❹의 10분 역시 어디까지나 기준 중 하나다.

처음에는 익숙하지 않으니 잡념이 밀려와서 집중하기 쉽지 않을 것이다. 그래도 괜찮다. 도저히 못하겠다는 분도 있다. 그런 경우에는 무리해서 10분을 계속하는 대신 이 다음 소개할 '습관 ❻'을 한번 시도해보길 바란다.

하지만 보통 익숙해지면 10분 이상은 쉽게 할 수 있다. "마음이 안정되니까 자기도 모르게 계속하고 있어요"라고 하는 분도 많다. 길게 해도 물론 아무 문제 없다.

어째서 이 호흡법을 실시하면 마음을 다스릴 수 있을까?

불안하거나 초조할 때, 즉 부정적인 감정을 느끼고 있을 때는 호흡이 흐트러진다. 대부분 빠르고 얕게 호흡한다. 그러면 뇌에 공급되는 산소량이 부족해져 아무리 시간이 지나도 악화된 상태에서 벗어날 수 없다.

한편 앞서 소개한 호흡법처럼 길고 깊게 숨 쉬면 뇌에서 세로토닌이라는 호르몬이 분비된다. '행복 호르몬'이라 불리기도 하는 세로토닌은 정신의 안정과 깊게 관련되어 있다.

실제로 의료 현장에서는 이 호흡법을 실시하고 약을 줄이게 되는 경우도 많이 있다. 그전까지는 항불안제를 하루에 세 번 먹던 분이 호흡법을 습관화한 후에는 1주일에 한 번 먹을까 말까 하는 정도로 줄인 예도 있다.

4·2·6 호흡법

① 조용한 장소에서 눕는다.

② 호흡하고 있음을 의식한다. 1분간.

③ 4초에 걸쳐 코로 들이마시고, 2초 멈추고, 6초에 걸쳐 입으로 내쉰다.

④ 약 10분에 걸쳐 실시한다. 행복 호르몬 '세로토닌'이 분비되어 마음이 안정된다.

'마인드풀니스 워킹'으로
마음을 정비한다

호흡법을 잘 실천할 수 없고, 가만히 있는 것이 어려운 분은 '마인드풀니스 워킹'을 한번 시도해보자. 방법은 간단하다. 뺨을 스치는 바람과 대지를 밟는 운동화 바닥 등에 오감을 집중하며 걷는다.

이것이 전부다.

몇 가지 포인트가 있다.

☐　출근하면서 걷는 등 다른 일을 하는 김에 실시하면 목적지에 향하고 있다는 사실에 의식이 집중되므로 좋지 않다. 걷기 위해 걷자.

☐　불쾌한 소리나 풍경이 눈에 들어오면 마음이 흐트러지니 일단 멈춘다. 안전한 장소에서 멈춰 서서 심호흡을 한 후 다시 시작한다.

☐　매일 15분 실시한다.

이 방법을 '마인드풀니스 워킹'이라고 부르는 까닭은 시각이나 청각 등 특정 감각에 마음을 집중하기 때문이다.

그러면 설령 잡념이 생겨도 사로잡히지 않고 '지금'에 집중하기 쉬워진다. 호흡법과 달리 움직임을 멈추지 않아도 되어서 누구든 쉽게 따라 해볼 수 있다.

오감의 안테나를 세워서 눈을 즐겁게 해주는 푸른 풍경과 귀를 간지럽히는 새의 지저귐, 후각을 자극하는 흙냄새에 집중해보자.

마인드풀니스 워킹

오감에 집중하며 걷는다.

POINT
- ☐ 출퇴근을 겸하지 말고 걷기 위한 걷기를 한다.
- ☐ 불쾌한 감각을 느꼈다면 다시 시작한다.
- ☐ 매일 15분 실시한다.

'4줄 일기'로 마음을 정비한다